AF139324

Für Kavito, meine Töchter Natalie und Sameera, meine Brüder Ron und Joe und meinen Cousin Charlie.

Monas Lustmann

Sei Dir selbst ein Freund

Die Suche nach dem Glück

Bibliografische Information der Deutschen Nationalbibliothek:
Die Deutsche Nationalbibliothek verzeichnet diese Publikation in
der Deutschen Nationalbibliografie; detaillierte bibliografische
Daten sind im Internet über http://dnb.dnb.de abrufbar.

Herstellung und Verlag: BoD – Books on Demand,
Norderstedt

ISBN: 978-3-7347-7432-4

Inhaltsverzeichnis

Wie alles begann

Ende 1978 saß ich im Wartezimmer eines Zahnarztes und blätterte in einer Illustrierten herum. Ich hatte keine Zahnschmerzen, war nur gekommen, weil ich keine Lust auf Arbeit hatte. Draußen war Herbst und eine depressive Stimmung hatte sich in mir breit gemacht. Plötzlich fesselte ein Bericht über einen indischen Ashram meine Aufmerksamkeit. Auf bunten Fotos lachten, tanzten und sangen orange und rot gekleidete Menschen. So etwas hatte ich noch nie gesehen, jedenfalls nicht bei Erwachsenen.

Der Ashram wurde als größtes Therapiezentrum der Welt beschrieben. Spirituelles Oberhaupt war ein erleuchteter Meister namens Bhagwan Shree Rajneesh. Als es hieß: „Der Nächste bitte" legte ich die Zeitschrift beiseite und begab mich auf den Zahnarztstuhl. Nach der Behandlung schlich ich mich nochmal ins Wartezimmer und ließ die Illustrierte mitgehen.

Ich begann, in den Buchhandlungen nach Literatur von Bhagwan (ab 1989 Osho) herumzustöbern. Schließlich fand ich ein Büchlein mit dem Namen „Hammer on the rock." Beim Lesen packte es mich und ich wünschte mir fortan nichts sehnlicher, als nach Poona (heute: Pune) zu reisen.

Ich hatte vier große Probleme, die ich in den therapeutischen Gruppen des Ashrams loswerden wollte. Erstens meine quälende Suche nach dem Glück, zweitens meine Unsicherheit gegenüber den Frauen, drittens meine starken Verspannungen in meiner linken Körperseite und viertens wollte ich mir endlich klar darüber werden, was ich beruflich einmal werden wollte.

Neun Monate später hatte ich meine Stellung gekündigt, meine Wohnung aufgegeben und mein Auto verkauft. Nun stand ich aufgeregt am Fenster eines Zuges, der mich nach Frankfurt am Main bringen sollte. Dort wartete mein Flieger nach Mumbai (damals Bombay). Während der Zug langsam anfuhr, winkte ich meinem Vater zu, der mit besorgtem Blick am Bahnsteig stand. Er hatte mich zum Bahnhof begleitet und konnte nicht verstehen, was in aller Welt ich in Indien zu suchen hatte. Seiner Meinung nach hätte ich lieber meine Steuerberaterprüfung machen sollen. Ich streckte meinen Arm zum Fenster hinaus und spannte meinen Bizeps an. Ich wollte ihm damit zeigen, dass ich jetzt groß und stark werden wollte. Dann machte ich es mir bequem in meinem Sitz und dachte über meinen Werdegang nach.

Meine Eltern

Meine Mutter war jüngste Tochter einer jüdischen Großfamilie aus Schaulen in Litauen. Am Sabbat hüpfte sie immer hübsch herausgeputzt zwischen ihrer Mischpoche herum und genoss die Zuneigung, die man ihr entgegen brachte.

Als die deutsche Wehrmacht am 26.6.1941 in Litauen einmarschierte, wurde die 13-jährige jäh aus ihrer Geborgenheit herausgerissen. Überall wurden die Juden von den Einsatzkommandos der SS zusammengetrieben und erschossen. Am 1.12.41 berichtete der SS Standartenführer Karl Jäger:

„Das Ziel, das Judenproblem in Litauen zu lösen, ist erreicht worden. In Litauen gibt es keine Juden mehr, außer den Arbeitsjuden."

Zusammen mit den Arbeitsjuden wurde das Mädchen, das später meine Mutter werden sollte, in das Getto von Schaulen getrieben. Hier mussten die Juden schlafen, während sie tagsüber in den Betrieben der Stadt Zwangsarbeit zu verrichten hatten. Ab September 1943 wurde das Getto in ein Konzentrationslager umgewandelt. Als sich im Juli 1944 die russische Armee näherte, wurde das Getto evakuiert und die Insassen in das KZ Stutthof (bei Danzig) verschleppt.

Als meine Mutter im KZ Stutthof ankam, blickte ihr das Grauen entgegen. Die meisten Häftlinge waren ausgemergelt und litten an schweren Infektionen. Wie später bekannt wurde, war Stutthof eines der unhygienischsten KZs im Deutschen Reich. Eine medizinische Hilfe existierte nicht und wer für die Arbeit zu schwach war, wurde kurzerhand erschossen.

Mir ist weder bekannt, unter welchen Umständen meine Mutter das KZ überlebt hat, noch wie sie aus dem KZ befreit wurde. Danach aber muss sie sich nach Schaulen durchgeschlagen haben. Als sie mit pochendem Herzen an der Tür ihrer Eltern klopfte, öffneten ihr wildfremde Leute. Auch in der Apotheke gegenüber, die einst ihrem Onkel gehörte, war niemand mehr da, den sie kannte. Hoffnung schöpfte die nunmehr 17-jährige, als sie erfuhr, dass sich viele der überlebenden Ostjuden im polnischen Lodz sammelten. Daher machte sie sich auf den Weg in die 700 km entfernte Stadt. Bei ihrer Ankunft lernte sie meinen Vater kennen.

Mein Vater war in Lodz aufgewachsen. Nachdem die Wehrmacht in Polen einmarschiert war, erteilte der Gauinspektor Friedrich Uebelhoer im Dezember 1939 den Befehl, im Norden der Stadt das Getto Litzmannstadt zu errichten. Dieses Getto diente als Zwischenstation für spätere Deportationen in verschiedene Vernichtungslager.

Mein Vater kam nach Auschwitz. Als bei seiner Ankunft ein Koch gesucht wurde, meldete er sich, obwohl er gar nicht kochen konnte. Es dauerte nicht lange und er beherrschte die Küche. Einmal erzählte er mir, dass er nach der Arbeit Speisereste in die Baracke schmuggelte. Hätte man ihn dabei erwischt, wäre er sofort exekutiert worden.

Wegen Vorrückens der Roten Armee wurden im Januar 1945 rund 60.000 Häftlinge von Auschwitz in den Westen evakuiert. Mein Vater war einer von ihnen. Als der Güterzug auf offener Strecke stehen blieb, sprang er ab und flüchtete. Das liebte ich an meinem Vater, er war ein mutiger und entschlossener Mann.

Als Jugendlicher fand ich einmal im Keller Papiere, die belegten, dass seine Stirnnarbe von den Schlägen eines KZ-Aufsehers stammte. Als ich ihn dazu befragte, bestätigte er lediglich, dass es so gewesen ist. Mehr wollte er über seine KZ-Erlebnisse nicht erzählen, vielleicht waren seine Erinnerungen zu schmerzhaft.

Leider konnte ich meine Großeltern mütterlicher und väterlicherseits nie kennenlernen. Sie wurden ebenso wie die meisten Geschwister meiner Eltern von den Nazis ermordet.

Meine Kindheit

Kurz nachdem sich meine Eltern kennengelernt hatten, wurde meine Mutter schwanger. In dieser Zeit kam einer der beiden überlebenden Brüder meines Vaters nach Lodz, um nach seinen Familienangehörigen zu suchen. Da sich hier alle Juden täglich am Bahnhof trafen, dauerte es nicht lange und die beiden Brüder liefen sich über den Weg. Sie fielen sich überglücklich in die Arme und nach einigen Tagen entschlossen sich meine Eltern, meinem Onkel nach Deutschland zu folgen. Er lebte zu dieser Zeit mit seiner Frau auf einem Bauernhof im schwäbischen Türkheim.

Im April 1946 erblickte ich im städtischen Krankenhaus von Bad Wörishofen das Licht der Welt. 1949 zogen wir nach Augsburg, von wo aus mein Vater häufig den Schwarzmarkt in München besuchte. Gelegentlich nahm er mich mit und ich erinnere mich noch dunkel an die merkwürdigen Verkaufsbuden in der Möhlstraße. Später erfuhr ich, dass mein Vater einmal wegen Schwarzhandels verhaftet wurde. Da man ihm jedoch nichts nachweisen konnte, ließ man ihn bald wieder laufen. Ein knappes Jahr später verzogen wir nach Bielefeld, wo er einen Textilgroßhandel gründete.

Ich erinnere mich, dass meine Mutter bildhübsch war und ihr die Männer oft hinterher pfiffen. Dann lachte sie und freute sich des Lebens. Mein Vater war jedoch eifersüchtig und machte ihr häufig Szenen. Als er einmal von einer seiner Geschäftsreisen zurückkehrte, fand er mich alleine vor. Meine Mutter war ausgegangen. Als sie endlich nach Hause kam, gab es einen bösen Streit.

Die Stimmung zwischen meinen Eltern war häufig gereizt. Einmal fuhren wir nach München und besuchten meinen Onkel und seine Familie. Dort kam es zwischen meinen Eltern zu einem erbitterten Streit, der sich über mehrere Tage hinzog. Ich fürchtete mich und begann zu betteln, dass sie aufhören mögen, doch sie ignorierten mich. Als sie schließlich aufeinander einprügelten, geriet ich in Panik und brüllte und schrie so lange, bis ich keine Kraft mehr hatte und nur noch still vor mich hin wimmerte. Von der ehemaligen Wohnungsvermieterin, die ich Jahrzehnte später zufällig traf, erfuhr ich, dass ich damals höchstwahrscheinlich einen Nervenzusammenbruch erlitten hatte. Bald nach diesem Vorfall kam ich in ein Kinderheim.

Im Kinderheim begannen meine Angstattacken. Meinen Mittagsschlaf musste ich immer mit dem Sohn der Heimleiterin auf einer Pritsche in der Küche verbringen. Er war ein hundsgemeiner Kerl und ich stellte mich immer schlafend, weil ich panische Angst vor ihm hatte. Eines Tages machten wir einen Ausflug in einen Wald. Wir spielten dort Verstecken und ich fand in einer Baumhöhle einen perfekten Unterschlupf. Nach geraumer Zeit fiel mir auf, dass ich die anderen Kinder nicht mehr hörte. Als ich vorsichtig aus meinem Versteck herauslugte, war die ganze Gruppe weg. Da begann ich zu weinen, weil ich schreckliche Angst bekam, meine Eltern nie mehr wiederzusehen. Schließlich kamen Spaziergänger vorbei und nahmen mich mit zu sich nach Hause. Ich habe keine Erinnerung mehr daran, warum ich dort übernachten musste. Ins Kinderheim jedenfalls kam ich erst am nächsten Tag.

Bald nach diesem Vorfall holte mich mein Vater ab und brachte mich wieder heim. Meine Eltern lagen sich nach wie vor in den Haaren. Vielleicht lag es auch daran, dass sie durch ihre Erlebnisse in den Konzentrationslagern traumatisiert waren. Eine psychologische Hilfe gab es nicht und so mussten sie, wie alle Betroffenen, mit ihrem seelischen Leiden selbst fertig werden.

Wenn meine Eltern stritten, dann drohte meine Mutter immer wieder, nach Palästina auszuwandern. Sie träumte von dem Land, wo Juden frei und ohne Angst vor der SS leben konnten. Doch mein Vater schrie dann jedes Mal: „Du kannst gehen, aber ohne das Kind!" In jener Zeit lebte ich in ständiger Verlustangst und betete jeden Abend beim Schlafengehen inbrünstig zum lieben Gott, dass meine Mutter dableiben möge.

Als ich etwa fünf Jahre alt war, nahm mich mein Vater mit in einen Nachbarort, wo er etwas mit zwei jungen polnischen Frauen zu besprechen hatte. Nach dem Gespräch fragte er mich, welche der beiden mir besser gefallen würde. Ich deutete auf die, die ich hübscher fand. Das war leider die Falsche, denn die Andere wurde später meine Stiefmutter. Sie hieß Erika und mein Vater stellte sie zunächst als Büro- und Haushaltshilfe ein.

Erika und meine Mutter wurden Freundinnen. Beide waren etwa 23 Jahre alt und hatten dauernd was zu kichern. Gleichzeitig verschlechterte sich die Beziehung meiner Eltern. Kurz nach meiner Einschulung stand meine Mutter plötzlich mit einem kleinen Koffer vor mir und schaute mich traurig an. Ich ahnte, was das zu bedeuten hatte und brach in Tränen aus. Sie drückte mich fest an sich und schwor mir beim Heiligen Gott, dass sie eines Tages wiederkommen und mich zu sich holen würde. Dann ging sie und ließ mich zurück. Der Schock fuhr mir in die Glieder und ließ mich nie mehr los.

Ich vermisste meine Mutter mit jeder Faser meines Herzens. Weil mich niemand in die Arme nahm und tröstete, fühlte ich mich schrecklich einsam. Ich betete jeden Abend zum Heiligen Gott, dass er mache, dass sie zurückkomme. Doch Er wollte meine Stoßgebete nicht erhören. Manchmal wurde ich darüber sehr wütend. Doch es half nichts, meine Mutter kam nicht mehr und ich blieb allein in meinem Schmerz. Während ich heranwuchs, wurde ich oft gefragt, warum ich so traurig sei. Ich hasste dieses ewige Mitleid und versuchte daher stets, meine Trauer zu verbergen.

Es dauerte nicht lange und Erika und mein Vater wurden ein Paar. Aber auch sie hatten viel Streit. Wenn sich Erika verletzt fühlte, ließ sie sich von mir trösten. War sie mit meinem Vater wieder gut, ließ sie mich links liegen. Oft war sie mir auch wegen nichtiger Gründe böse und redete dann tagelang kein Wort mit mir. Ich litt meine ganze Kindheit hindurch unter diesen ständigen Zurückweisungen. Später verhielt ich mich Frauen gegenüber sehr unsicher.

Einmal fuhr ich mit meinem Onkel mit dem Nachtzug von Bielefeld nach Gelsenkirchen. Als ich im Morgengrauen aufwachte, hatte ich mir in die Hosen gemacht. Von da an war ich einige Jahre lang Bettnässer. Ich schämte mich entsetzlich und versuchte immer, alle Spuren zu beseitigen. Manche Psychologen sagen, dass es sich hierbei um verdrängte Tränen handelt, die sich ihren Weg zur Blase gebahnt haben.

Knapp 60 Jahre später wurde bei mir ein Blasenkrebs diagnostiziert. Hatte das was mit meinen Kindheitserlebnissen zu tun? Ich weiß es nicht.

Meine Jugend

Mein Vater wünschte immer, dass ich Rechtsanwalt werde. Doch anstatt fleißig zu lernen, spielte ich mit meinen Schulkameraden lieber Fußball. Wenn wir keinen Ball hatten, mussten Büchsen oder zusammengeknülltes Butterbrotpapier herhalten.

Mit den Jahren verblassten meine Erinnerungen an meine Mutter. Als ich eines Tages von der Schule nach Hause kam, fand ich meine Eltern in einer erregten Stimmung vor. Meine Mutter hatte sich telefonisch gemeldet. Sie war aus Israel zurückgekehrt und wollte mich nun sofort zu sich holen. Da mein Vater empört ablehnte, hatte sie gedroht, mich zu entführen. Nun durfte ich nach der Schule nicht mehr mit der Straßenbahn nach Hause fahren, sondern musste im Schulsekretariat warten, bis mich mein Vater mit dem Auto abholte. Die Situation verwirrte mich, denn insgeheim wollte ich meine Mutter sehen. Außerdem schämte ich mich vor der Schulsekretärin. Später entschied ein Familienrichter, dass ich meine Ferien bei meiner Mutter verbringen musste. Sie wohnte nun in Frankfurt am Main und hatte wieder geheiratet. Aus dieser Ehe stammt mein lieber Bruder Ron. Außerdem hatte der neue Mann meiner Mutter zwei Söhne Joe und Mike mit in die Ehe eingebracht. Ich mochte die beiden auf Anhieb und hegte brüderliche Gefühle für sie.

1959 trat ich dem FC Bayern München als Fußballspieler bei. Ich begann in der vierten Jugendmannschaft und stieg schnell in die zweite Mannschaft auf. Ich kann mich erinnern, dass die erste

Mannschaft damals Furore machte. Die Elf gewann die meisten Spiele und schoss unzählige Tore. Kein Wunder: Der Mittelstürmer war damals der junge Franz Beckenbauer.

In dieser Zeit machte sich zum ersten Mal meine spirituelle Neigung bemerkbar. Ich fragte mich, was eigentlich passiert, wenn man einschläft? Als ich abends ins Bett ging, probierte ich es aus. Ich konnte beobachten, wie ich in eine tiefe Entspannung versank. Gedanken erschienen in meinem Geist, die immer realer und realer und schließlich zum Traum wurden. Dann fiel ich in einen wohligen Schlaf.

Da sich meine Schulleistungen am Gymnasium verschlechterten, verbot mir mein Vater das Fußballspielen. Darüber war ich sehr wütend, denn ich spielte lieber Fußball, als zu lernen. Also tat ich immer so, als würde ich lernen, saß aber nur da und träumte vom Fußball spielen.

In dieser Zeit hatte ich ein weiteres spirituelles Erlebnis. Ich war mit meiner Schulklasse in ein Schullandheim gefahren, wo wir eines Abends ein Tischtennisturnier veranstalteten. Ich war gut in Form und kam schließlich ins Endspiel. Inzwischen hatte es draußen zu dämmern begonnen und im Raum herrschte Zwielicht. Mitten im Spiel verschwand mein persönliches Anwesenheitsgefühl. Wie ich Jahrzehnte später durch Oshos Vorträge erfuhr, war ich kein Spieler mehr, sondern zum Spiel geworden. Und das Spiel war göttlich. Ich kann mich erinnern, dass meine Klassenkameraden, die meinen Zustand natürlich nicht bemerkten, ganz still wurden und fasziniert zuschauten. Nachdem das Spiel vorbei war, war ich wieder ganz der Alte.

Nachdem ich das Klassenziel nicht erreichte, steckte mich mein Vater kurzerhand in eine Handelsschule. Dort erwarb ich nach zwei Jahren die kaufmännische mittlere Reife. Danach wollte ich aber nicht im kaufmännischen Bereich arbeiten, sondern Journalist werden. Mein Vater lachte mich aus und brachte mich bei seinem Steuerberater unter. Dort absolvierte ich eine dreijährige Lehre zum Steuergehilfen. Mein Vater hatte bereits Pläne, dass ich später einmal die Kanzlei übernehmen sollte. Doch machte er die Rechnung ohne den Wirt.

Nachdem ich meine Lehre beendet hatte, kam es im Jahr 1967 zum Sechstagekrieg in Israel. Ich war sehr betroffen und ging täglich in den jüdischen Jugendclub, um mit meinen Freunden den neuesten Nachrichten zu lauschen. Um das kleine Land zu unterstützen, kamen wir überein, dass wir hin mussten, um zu helfen.

Als der Krieg vorbei war, stellte eine jüdische Organisation Flüge für freiwillige Helfer zur Verfügung. Ich meldete mich an und saß im Hochsommer 1967 mit einer Gruppe von etwa 20 Jugendlichen aufgeregt an Bord einer EL AL Maschine. Ich konnte es nicht fassen, wir flogen tatsächlich ins Heilige Land. Mit an Bord war übrigens Marian Seidowsky. Er spielte 1966 im Film „Der junge Törless" die tragische Rolle des Basini. Ich lernte ihn als stillen und kontaktscheuen Menschen kennen. Dass er Schauspieler war, wusste ich damals gar nicht. Einige Jahre später brachte er sich wegen einer Krebserkrankung um.

Als wir in Israel ankamen, wurden wir zunächst in einem Sammellager untergebracht. Dort hatten sich bereits hunderte von jugendlichen Helfern aus aller Welt eingefunden und warteten auf ihren Einsatz. Ich organisierte erst mal ein Fußballspiel, das auf einem vom Regen durchweichten Acker stattfand. Nach dem Spiel sahen wir aus, wie die Ferkel. Doch es hatte riesigen Spaß gemacht.

In den nächsten Wochen arbeiteten wir in mehreren Kibbuzim. Das lag daran, dass wir ziemlich faul waren und überall rausflogen. Daher hatten wir immer wieder viel Freizeit, die wir meistens am Strand von Tel Aviv verbrachten. Eines Tages zeigte mir ein israelischer Freund das Diamantenzentrum. Beruflich arbeitete er als „Cleaver" und durch ihn lernte ich dieses Handwerk kennen. Die Cleaver bearbeiten Rohdiamanten, indem sie diese vor dem Schleifen in eine verwendbare Form und Größe spalten. Als ich drei Monate später nach München zurückkehrte, bat ich meinen Vater: „Bitte lass mich nach Israel, ich will Cleaver werden."

Mein Vater war in seiner Jugend Zionist gewesen und daher gefiel ihm mein Berufswunsch. Ende Dezember 1967 fuhren wir mit meinem Auto nach Neapel und bestiegen ein Fährschiff nach Israel. In Tel Aviv fanden wir bald einen sog. Patron, bei dem ich eine einjährige Lehre zum Cleaver begann. Gleich im Januar 1968 lernte ich eine hübsche Belgierin namens

Gilda kennen, die für kurze Zeit Ferien in Israel machte. Wir wurden ein Paar.

In den nächsten Monaten erlebte ich eine wunderschöne Zeit. Jeder Tag begann damit, dass ich zur Arbeit immer am Meer entlang fuhr. Meine Arbeit gefiel mir und ich machte gute Fortschritte. Unter meinen zahlreichen Freunden war ich hoch angesehen, weil ich ein eigenes Auto hatte. Privatautos gab es damals in Israel so gut wie gar nicht.

Obwohl ich mit Gilda brieflich Schluss gemacht hatte, tauchte sie im Sommer wieder in Tel Aviv auf. Allerdings hatte sie nun einen neuen Freund an ihrer Seite. Als ich eines Tages in meinem Stammcafé saß, schlenderten die Beiden Arm in Arm an mir vorbei. Da wurde ich eifersüchtig und begann, um sie zu werben. Nach einer großen Aussprache verließ sie ihren Freund und wir kamen wieder zusammen.

In dieser Zeit waren wir eng mit dem späteren Filmschauspieler Towje Kleiner befreundet. Damals begann gerade seine Karriere im „Yiddish Theater" in Israel. Er war frisch in eine Engländerin indischer Herkunft verliebt und so gingen wir abends häufig gemeinsam essen oder zum Bowling spielen.

Im Spätsommer beschlossen Gilda und ich zu heiraten. Als meine Lehre beendet war, machten wir uns auf den Weg nach München. Am Hafen in Haifa tauchte plötzlich die bange Frage auf, ob mir die Behörde meine zahlreichen Strafzettel präsentieren würde, die ich wegen meines ständigen Falschparkens nie bezahlt hatte. Doch ich hatte Glück, ich durfte das Land unbehelligt verlassen.

Mein Vater empfing uns freundlich, versuchte aber, uns die Hochzeit auszureden. Da ich ihm aber nicht mehr gehorchen wollte, fuhren wir zu Gildas Eltern nach Belgien. Die wussten über unsere Pläne längst Bescheid und erwarteten uns in großer Vorfreude. Da blieb meinem Vater nichts anderes übrig, als klein beizugeben.

Anfang März 1969 fand die standesamtliche Trauung in Ostende/Belgien statt. Ein paar Tage später wurde die Hochzeitsfeier veranstaltet. Zu diesem Zweck hatten unsere Eltern ein großes Hotel in der kleinen Nordseestadt Knokke gemietet. Viele Verwandte, Freunde und Bekannte reisten aus aller Welt an. Im großen Festsaal war ein mit Blumen geschmückter Baldachin aufgebaut, unter dem wir von einem anwesenden Rabbiner vermählt wurden. Nach der Trauung trat ich nach altem Brauch auf ein in eine Serviette eingewickeltes Glas, um es zu zerbrechen. Die Gäste riefen: „Mazal tov" und klatschten Beifall.

Am Abend fand ein großer Ball statt. Eine Kapelle war da und spielte typische jüdische Hochzeitslieder. Als ich mit meiner Mutter tanzte, fing sie plötzlich zu weinen an. Sie klammerte sich an mich und bat mich, ihr zu verzeihen. Ihr Gefühlsausbruch war so heftig, dass ich mich völlig überfordert fühlte. Ich hing hilflos in ihren Armen und wusste nicht, wie ich reagieren sollte. Gegen drei Uhr morgens war ich todmüde und verschwand mit Gilda in unserem

Zimmer. Dann zählte ich das Geld, das wir geschenkt bekommen hatten.

Da Antwerpen ebenso wie Tel Aviv ein internationaler Handelsplatz für Diamanten war, hoffte ich dort Arbeit als Cleaver zu finden. Leider herrschte zu dieser Zeit eine Krise in der Diamantenbranche. Infolge dessen konnte ich als Berufsanfänger keine Anstellung als Cleaver finden.

Mein Vater war wie immer hilfsbereit und bot mir an, in seiner Firma zu arbeiten. Obwohl mir der Gedanke nicht gefiel, lösten wir unsere eben eingerichtete Wohnung in Antwerpen wieder auf und zogen nach München um. Mein Vater hatte ein cholerisches Temperament und konnte sich über jede Kleinigkeit aufregen. Schon in meiner Schulzeit hatte er mich oft angeschnauzt und mir immer jedes Fünkchen Selbstbewusstsein genommen. Und nun begann das Theater von vorne. Sobald ich etwas falsch gemacht hatte, putzte er mich runter. Unter diesen Umständen wollte ich nicht mehr für ihn arbeiten und kündigte die Anstellung nach kurzer Zeit. Bald danach fand ich eine Stelle als Steuersachbearbeiter in einer Wirtschaftsprüfungsgesellschaft. Inzwischen war Gilda schwanger geworden und am 1.08.1970 wurde unsere geliebte Tochter Natalie geboren.

In München frischten wir unsere Freundschaft mit Towje (genannt Wolfi) Kleiner wieder auf. Er hatte sein Mädel inzwischen geheiratet und war mit ihr ebenfalls nach München gezogen. Wolfi hatte zu dieser Zeit kein Engagement und daher viele Geldsorgen. Das sollte sich Mitte der 70er Jahre ändern, als der Regisseur Helmut Dietl auf ihn aufmerksam wurde. Er engagierte ihn für Rollen in seinen Kultserien „Münchner Geschichten" und „Der ganz normale Wahnsinn".

Wikipedia schreibt über Wolfi, dass er in seinen Rollen auf liebenswerte Weise hektisch chaotische Charaktere darstellte. Dass er eigentlich nur sich selbst spielte, verdeutlicht die folgende Episode:

1965 hatte ich mein erstes Auto. Es handelte sich um einen Opel Olympia, der etwa zehn Jahre alt war. Eines Tages ließ sich mein Seitenfenster nicht mehr bewegen. Ich kannte Wolfi zu dieser Zeit schon einige Jahre und er machte gerade eine Lehre zum Kfz-Mechaniker. So war es Ehrensache, dass er die Reparatur ausführte.

Am frühen Abend trafen wir uns in der Leopoldstraße und Wolfi begann mit seiner Arbeit. Als es langsam dunkel wurde und er nichts mehr sehen konnte, baute er die Fahrertür kurzerhand aus und bearbeitete die Mechanik der Fensterkurbel im Licht einer Straßenlaterne weiter. Gegen 22:00 Uhr verlor er die Nerven, beschimpfte die Scheibe als Scheißfenster und ließ mich dann einfach stehen. Mir blieb nichts anderes übrig, als die Tür in den Kofferraum zu packen. Dann fuhr ich einige Zeit türlos durch die Gegend, immer in der Hoffnung, dass Wolfi seine Arbeit zu Ende bringen würde. Doch wann immer wir uns sahen, lachte er und winkte ab. Also musste ich sparen, bis ich mir eine richtige Werkstatt leisten konnte.

1973 eröffneten Gilda und ich mit unseren besten Freunden ein Schuhgeschäft. Der Laden ließ sich gut an, doch als wir ein Jahr später mehr Kapital hineinstecken mussten, konnten wir kein Geld mehr auftreiben und mussten daher wieder aussteigen. Ich eröffnete daraufhin einen kleinen Laden, in dem wir Restposten aller Art verkauften.

In der Silvesternacht 1974 kam es zur Trennung. Gildas Mutter war Weihnachten zu Besuch gekommen und es hatte einen üblen Streit zwischen ihr und meinen Eltern gegeben. Meine Schwiegermutter war beleidigt und fing mitten in der Nacht an, ihre Koffer zu packen. Meine Frau drehte durch und packte ebenfalls. Es dauerte nicht lange und Mutter und Tochter standen reisefertig im Flur. Um die Katastrophe zu verhindern, sperrte ich die Wohnungstür ab. Während draußen die letzten Silvesterraketen in den Himmel stiegen, alarmierte meine Frau die Polizei. Kurz darauf klingelten zwei Beamte an unserer Wohnungstür. Ich wurde belehrt, dass ich mich der Freiheitsberaubung schuldig machte, falls ich die „beiden Damen" nicht zur Tür hinaus ließe. Daher sperrte ich die Wohnungstür auf und meine Schwiegermutter und meine Frau verschwanden ins Neue Jahr. Natalie schlief derweilen nichts ahnend in ihrem Kinderzimmer.

Wie wird man mit einem Trauma fertig? Ich wusste es nicht und wurde in der Folgezeit mit der ganzen Wucht meiner verdrängten Traurigkeit um meine Mutter konfrontiert. Mein alter Schmerz brach auf und ich fühlte mich wieder einsam, wie als Kind.

In den nächsten Wochen war ich total überfordert. Ich brachte Natalie morgens in den Kindergarten und mittags, nachdem ich sie wieder abgeholt hatte, zu unserer Zugehfrau. Dort blieb sie bis abends, bis ich sie wieder abholte. Dazwischen versuchte ich in meinem Laden unseren Lebensunterhalt zu verdienen.

Meine Frau ließ nichts von sich hören. Wann immer ich versuchte, sie bei ihrer Mutter in Belgien zu erreichen, wurde ich abgewimmelt. Später erfuhr ich, dass sie sich zu dieser Zeit bei einem Bekannten ihrer Schwester in Köln aufgehalten hatte. Einige Monate später kam endlich ein Treffen mit Gilda in Frankfurt am Main zustande. Als Natalie ihre Mutter erblickte, war sie außer sich vor Freude. Wir beschlossen, dass sie fortan bei ihr in Belgien wohnen sollte. Sie war dort wesentlich besser aufgehoben, als bei mir. Ich war über den Verlust meiner Tochter traurig, fühlte mich aber auch erleichtert. Ich gab meinen Laden auf und kaufte mir nach dem ganzen Stress ein Charterticket nach Mallorca. Von dort aus nahm ich mir einen Flieger nach Ibiza.

Gegen Ende des Sommers schlug mir mein Onkel Nat vor, zu ihm nach Los Angeles zu kommen. Als er Ende April 1945 von den Amerikanern aus einem Außenlager vom KZ Dachau befreit wurde, hatte er beschlossen, sein Leben in den USA zu verbringen. 1948 bestieg er ein Schiff und fuhr ins Land der unbegrenzten Möglichkeiten. Später kehrte er noch einmal vorübergehend nach Deutschland zurück, heiratete und übersiedelte 1965 endgültig in die Staaten. Inzwischen hatte er dort einen erfolgreichen Betrieb aufgebaut, in dem er Hemden für große

Firmen produzierte. Nun sollte ich bei ihm ein Praktikum machen. Danach, so meinte er, würde er mir helfen, mich in derselben Branche selbstständig zu machen. Ich nahm sein Angebot an.

Um meine Tochter noch einmal zu sehen, buchte ich meinen Flug ab London. Mit dem Nachtzug fuhr ich nach Ostende und verbrachte den ganzen Tag mit Natalie. Sie war sehr lieb und der Abschied schmerzte. Abends begab ich mich traurig an Bord einer Fähre nach England.

Nach einem Jahr Los Angeles hatte ich genug von den USA und flog zurück nach Deutschland. Ich hatte mich drüben sehr einsam gefühlt und war ziemlich deprimiert. Zum ersten Mal in meinem Leben hatte ich das Bedürfnis, nach Indien zu reisen und einen Weisen zu finden, der mir das Leben erklären konnte.

Doch so weit war es noch nicht. Mein Vater vermittelte mir erst mal einen Job als Handelsvertreter einer bekannten Jeansmarke. Leider war ich ein schlechter Verkäufer. Als ich einmal meine Kollektion vorführte, guckten sich die Leute vom Einkäuferteam kurz an und baten mich dann, auf einer Couch Platz zu nehmen. Während mir Kaffee serviert wurde, schrieb sich das Einkäuferteam ihren Auftrag selbst.

Tagsüber gefiel mir das Herumfahren. Doch sobald es dunkel wurde, fühlte ich mich wieder einsam. Oft saß ich dann in meinem Auto und wurde von Panikattacken gequält. Am schlimmsten war die Einsamkeit in den Hotelzimmern. Mein Zustand wurde immer schlimmer, die Angst immer unerträglicher.

Eines Tages lernte ich in München eine Meditationslehrerin kennen. Sie lud mich auf eine gemeinsame Meditationssitzung ein. Am nächsten Tag saßen wir mit geschlossenen Augen in ihrem Wohnzimmer und lauschten den Klängen sanfter Meditationsmusik. Nach einer Weile wurde ich sehr ruhig und geriet in einen tiefen Bewusstseinszustand. Als mich die Lehrerin nach einer Weile sanft berührte, stellte ich erstaunt fest, dass wir über eine Stunde dagesessen hatten. Ich fühlte mich wunderbar erfrischt und meine Sorgen waren wie weggeblasen. Glücklich bedankte ich mich und nahm mir vor, bald mit dem Meditieren anzufangen. Ich ahnte noch nicht, dass die Meditation meine große Leidenschaft werden sollte.

Als mir mein Vertreterjob wegen Erfolglosigkeit gekündigt wurde, suchte ich mir eine Stellung im Finanzwesen. Ich wurde Bilanzbuchhalter in einem deutsch-amerikanischen Unternehmen. Während ich rechnete, Monats-, Vierteljahres- und Jahresbilanzen erstellte, befand ich mich innerlich in einem erbärmlichen Zustand. Ich fühlte mich verbraucht, traurig und alleine. Eines Tages ging zum Zahnarzt, wo mir der bewusste Artikel über den indischen Ashram in die Hände fiel.

Indien

Als ich am späten Abend in Mumbai landete, wurde ich erst einmal nass. In Indien herrschte gerade Regenzeit und an einen Regenschirm hatte ich natürlich nicht gedacht. Ich suchte mir ein Hotel und übernachtete dort. Am nächsten Morgen besorgte ich mir ein Taxi und begab mich auf die Fahrt nach Pune. Nach kurzer Fahrt blieb der Taxifahrer plötzlich vor einer Holzhandlung stehen. Dann begann er, die Dachreling des Taxis mit Brettern zu beladen. Ich wurde argwöhnisch. Nach zehn Minuten ging die Fahrt zwar weiter, doch ich wurde das Gefühl nicht los, dass er die Bretter auf die Schnelle irgendwo abliefern wollte. Als ich ihn dazu befragte, lächelte er schuldbewusst und legte, um mich zu beruhigen, eine Tonbandkassette mit indischer Musik auf. Nun wurde ich erst recht wütend, denn ich fühlte mich ausgenutzt und konnte das Gedudel sowieso nicht leiden. Endlich kamen wir in ein Kaff, wo er die Bretter an einem Rohbau ablud. Danach ging es schnurstracks nach Pune. Die Fahrt hatte allerdings zwei Stunden länger gedauert, als geplant.

In den nächsten Wochen sog mich das geschäftige Treiben im Ashram förmlich auf. Nun war ich Teil der Gemeinschaft geworden, die ich ein knappes Jahr zuvor in der Illustrierten entdeckt hatte. Und die Bilder hatten nicht gelogen. Viele Menschen aus aller Welt waren hier, um nach Freiheit und Glück zu suchen. Tagsüber machten sie ihre Selbsterfahrungsgruppen und abends wurde gesungen, gelacht und getanzt.

Obwohl der Ashram hielt, was der Artikel versprochen hatte, beschlich mich das Gefühl, in eine religiöse Sekte geraten zu sein. Ich bekam ein schlechtes Gewissen und fragte mich immer wieder, was ich als Jude hier eigentlich mache? Als aber eines Tages zwei Sannyasin vor mir hergingen und hebräisch miteinander redeten, fiel ich ihnen vor lauter Freude um den Hals. Später fand ich heraus, dass viele Schüler von Osho Juden waren. Konfessionen, Nationalitäten oder Hautfarbe spielten hier überhaupt keine Rolle. Alle fühlten sich eins in ihrer Liebe zu Osho.

Osho hielt jeden Morgen einen Diskurs, wo er die Fragen seiner Schüler beantwortete. Nie zuvor hatte ich jemanden so reden gehört. Mit seinem messerscharfen Verstand drang er in alle persönlichen, sozialen, religiösen und politischen Fragen ein. Was mich fast noch mehr beeindruckte, war sein umwerfender Humor.

Bald wollte ich auch ein Sannyasin werden. Das Wort kommt aus dem Sanskrit und bezeichnet eine von der spirituellen Suche bestimmte Lebensart. In der Vollmondnacht vom 5.9.1979 saß ich aufgeregt vor Osho und ließ mich in das von ihm begründete Neo-Sannyas einweihen. Mit dem Begriff „Neo-Sannyas" bezeichnete Osho eine nicht-asketische Schülerschaft. Auf Wunsch erhielt ich einen neuen Namen. Von nun an hieß ich „Anand Svadharma" und Osho erklärte die Bedeutung:

„Niemand kann es Dir geben und niemand kann es Dir nehmen, Glückseligkeit (Anand) ist Deine

30

ureigene Natur (Svadharma). Und Du brauchst nicht nach Jerusalem oder Kashi oder in den Himalaja zu gehen, um sie zu finden. Der einzige Ort, wohin Du gehen musst, ist nach innen. Diese innere Reise ist die ganze Kunst der Meditation. Und wenn es einmal passiert ist, dann werden die Dinge sehr einfach. Wenn Du einmal erfahren hast, dass der Schatz innen ist, dann ist es nicht mehr schwierig, denselben Ort immer und immer wieder zu betreten. Nur das erste Mal ist es schwer und die Schwierigkeit kommt daher, weil der Verstand zu sehr daran gewöhnt ist, nach außen zu gehen. Er kennt nur den Weg nach außen und weiß nichts vom Inneren. Er hat sein eigenes Zentrum total vergessen."

In blieb drei Monate in Pune und nahm an etlichen Selbsterfahrungsgruppen teil. Die Gruppen hatten es wirklich in sich. Immer wieder wurde ich an meine Grenzen gestoßen. Einmal nahm ich an einer Dreitagesgruppe teil. Am zweiten Tag forderte mich die Gruppenleiterin auf, mich in einen Kreis von etwa 25 Leuten zu setzen. Ich hatte mich bis dahin möglichst unauffällig verhalten, weil es in dieser Gruppe ziemlich ruppig herging. Und nun fragte sie mich, was eigentlich los sei mit mir. Ich fühlte mich ertappt und schaute hilflos in der Runde herum. Plötzlich erhob sich eine der Teilnehmerinnen, packte ein Kissen und begann, wortlos auf mich einzudreschen. Schließlich packte mich ebenfalls die Wut und ich schnappte mir das nächstbeste Kissen und schlug zurück. Bald waren wir in eine üble Keilerei verwickelt. Wir schlugen mit aller Kraft aufeinander ein und brüllten und keuchten, als wollten wir uns umbringen. Nachdem uns die Kräfte verlassen hatten, sanken wir erschöpft zu Boden. Dann begannen wir, miteinander zu kuscheln. Das Schöne an den Gruppenprozessen im Ashram war, dass sich alle inneren Konflikte immer wieder in Wohlgefallen auflösten.

Zufällig kam diese Teilnehmerin aus München. Wann immer wir uns später über den Weg liefen, freuten wir uns über unser Wiedersehen. Eines Tages gestanden wir uns, dass uns genau diese Geschichte von unserer Unsicherheit gegenüber dem anderen Geschlecht befreit hatte. Damit hatte ich das erste meiner vier Probleme gelöst.

Im Oktober 1979 kehrte ich glücklich und geläutert nach München zurück. Nun trug ich nur noch rot- und orangefarbene Kleidung und eine Mala (Gebetsperlenkette) mit Oshos kleinem Bild um den Hals. Da ich kein Bedürfnis nach geregelter Arbeit verspürte, war ich täglich in Schwabing (Münchner Szeneviertel) unterwegs und genoss das Leben in vollen Zügen. Ich muss zugeben, dass ich in dieser Zeit nicht allzu häufig an meine Tochter in Belgien dachte.

Ich rauchte zu dieser Zeit viel Haschisch. Als ich auf meinen nächtlichen Streifzügen einmal voll zugedröhnt ein Tanzlokal besuchte, schoss mir plötzlich eine Energiewelle in den Kopf. Daraufhin stoben gleißende Lichtfunken aus meiner Schädeldecke hervor und fielen wie ein Wasserfall zu Boden. Ich wusste nicht, wie mir geschah und blickte mich unauffällig im Publikum um. Doch niemand schien das Spektakel zu bemerken. Bald darauf ebbte die Funkenflut ab und alles war wieder ganz normal, wie vorher.

Nach und nach verscherbelte ich den Silberschmuck, den ich aus Indien mitgebracht hatte. Als Schmuck und Geld zur Neige gingen, beschloss ich, Dealer zu werden. Gerade als ich in einem Lokal mein erstes Haschisch verkaufen wollte, stand wie aus heiterem Himmel ein Zivilfahnder vor mir und nahm mich fest. Er brachte mich zum nächsten Polizeirevier, wo ich verhört wurde. Doch den Beamten wurde schnell klar, dass ich nur ein harmloses Bürschchen war. Ein paar Wochen später erhielt ich einen Strafbefehl über 1.700,00 DM.

Anfang Januar 1980 lernte ich die große Liebe meines Lebens kennen. Da ich zu diesem Zeitpunkt bereits drei Monate auf dem Wohnzimmerboden meiner Schwester gehaust hatte, zog ich umgehend bei Elke (später Prem Kavito) ein. Es dauerte nicht lange und sie wurde schwanger. Ultraschallbilder zeigten, dass wir eine Tochter erwarteten. Ende November 1980 bekam Kavito plötzlich starke Unterleibsblutungen. Ich brachte sie sofort ins Krankenhaus. Als eine vorzeitige Plazentaablösung festgestellt wurde, wurde umgehend ein Kaiserschnitt durchgeführt. Gegen Mitternacht erfuhr ich telefonisch, dass unsere Tochter gerade geboren war. Ich fuhr sofort zur Klinik, und als ich zum Eingang hineinstürmte, eilten zwei Sanitäter mit unserem Baby an mir vorbei. Es war ganz blau angelaufen, weil es zu einer Sauerstoffunterversorgung gekommen war. Jetzt wurde es mit dem Notarztwagen in das Schwabinger

Krankenhaus gebracht. Wir hatten großes Glück, dass es später zu keinen Folgeschäden kam.

Nachdem unsere Tochter drei Wochen lang im Brutkasten bleiben musste, konnten wir sie schließlich abholen. Ich verliebte mich in das kleine Etwas, das es so eilig hatte, auf die Welt zu kommen. Wir nannten sie Nina (heute Sameera) und ich begann, mich in meine neuerliche Rolle als Familienvater einzuleben. Mit der frischen Kraft, die ich aus Indien mitgebracht hatte, wollte ich nun lernen, auf eigenen Füßen zu stehen.

Um für den Lebensunterhalt zu sorgen, hatte ich inzwischen den Taxiführerschein gemacht. Kaum hatte ich die Prüfung bestanden, saß ich in einem Taxi und fuhr meine Fahrgäste mit großer Leidenschaft durch die Gegend. War ich mit der Arbeit fertig, besuchte ich ein Osho Meditationszentrum mit dem Namen Anubuthi. Dort nahm ich an den abendlichen Meditationen teil. Dass ich als Taxifahrer einen dicken Strich durch die Rechnung meines Vaters machte, machte mir nichts aus. Meine selbst bestimmte Freiheit gefiel mir. Ich war fleißig, genoss mein Familienleben und meditierte täglich eine Stunde. Ich wollte mein Bewusstsein schärfen, um die Glückseligkeit meiner eigenen Natur zu erfahren.

Glück

Anfang der 80er Jahre verwirklichten einige Sannyasin ihre Idee, in München ein großes Osho Meditations- und Therapiezentrum aufzubauen. Zu diesem Zweck hatten sie ein ganzes Haus angemietet, das nun umgebaut und ausgestattet wurde. Vorgesehen waren im ersten Stock eine Rezeption und ein Café mit Küche, im zweiten Stock ein großer Festsaal mit Therapieräumen und im dritten Stock mehrere Schlafräume.

Eines Tages besuchte ich das Planungsteam und schlug vor, im ersten Stock zusätzlich eine Boutique einzurichten. Die Idee kam an und da ich zu diesem Zeitpunkt über etwas Geld verfügte, erklärte ich mich bereit, das notwendige Kapital vorzuschießen. Bald darauf war es so weit und mir wurde Ma Ameeta als künftige Geschäftsführerin der Boutique vorgestellt. Dann machten wir beide uns auf den Weg ins Modezentrum an der Taunusstraße. Ameeta bewies einen guten Geschmack und ein paar Stunden später hatten wir mein Taxi mit Jeans, Pullover, Blusen, T-Shirts und Schals vollgeladen. Das Zentrum wurde Tao genannt und war von Anfang an ein großer Erfolg. Binnen eines Jahres bekam ich mein Geld zurück. Und das war gut so, denn Kavito war davon überzeugt, dass wir unsere Einlage nie mehr wiedersehen würden.

Bis 1987 besuchte ich das Tao mindestens zweimal in der Woche. Dann saß ich entweder alleine da und trank genüsslich einen Kaffee oder es ergaben sich Gespräche mit Freunden über Astrologie,

Meditationen und inneres Wachstum. Am Wochenende wurden manchmal Feste veranstaltet und Kavito, Sameera und ich nahmen teil und tanzten und lachten in großer Freude miteinander. Nach 1987 zogen wir aufs Land und ich konnte das Tao nur noch sonntags besuchen.

Obwohl ich von Osho erfahren hatte, dass die Glückseligkeit ein innerer Raum jenseits des Verstandes ist, konnte ich aus lauter Gewohnheit nicht davon lassen, ständig glücklich sein zu wollen. So hatte ich immer wieder neue Ideen im Kopf, die mir das große Glück versprachen. Ich konnte mich so sehr an meinen eigenen Gedanken begeistern, dass ich phasenweise himmelhochjauchzend durchs Leben flog. Doch dieses Gefühl hielt nie lange an. Es war wie eine Droge, deren Wirkung immer wieder nachließ. Es half auch nicht, meine Ideen in die Realität umzusetzen. Ich habe es ausprobiert, doch es hat mich auch nicht glücklich gemacht.

Ich las in jenen Jahren viele spirituelle Bücher. Angeblich soll uns die Glückseligkeit näher sein, als der eigene Atem. Osho sprach sogar davon, dass das Leben ein Versprechen auf Glückseligkeit sei. Wie konnte das möglich sein und was war Glückseligkeit überhaupt? Ich schaute ständig nach innen und konnte doch nichts entdecken. Meditierte ich, fand ich mich stets in meinem inneren Geplapper wieder.

Ich begann mir einzubilden, dass man eine erfüllte Arbeit haben muss, um glücklich zu werden. Ich fragte meine Fahrgäste nach ihren Berufen. Darunter befanden sich Angestellte, Arbeiter, Hausfrauen,

Rentner, Schauspieler, Politiker, Artisten, Designer, Künstler, Bardamen, Beamte, Banker, Metzger, Industrielle, Rennfahrer, Zuhälter und Prostituierte. Doch niemand war wirklich glücklich. Nicht einmal der Zirkusclown, der auch einmal bei mir Taxi saß. Die meisten Fahrgäste behaupteten, dass das Glück flüchtig sei, wie ein Schmetterling. Es kommt und geht und man könne es nicht festhalten. Das stimmte wohl, befriedigte mich aber nicht. Ich hatte die fixe Idee, ständig glücklich zu sein.

In meiner täglichen Meditationspraxis erlebte ich viele Highlights. Ich kann mich an eine Lichtexplosion erinnern, die fast das ganze Zimmer ausfüllte. Ein anderes Mal verflüssigte sich mein Körper in die Form einer Schlange und stieg nach oben in den Himmel. Ich erschrak mich fürchterlich und kehrte augenblicklich in meinen Normalzustand zurück.

Einmal veranstaltete ein Therapeut aus Pune einen Meditations-Workshop in der Nähe von München. Als er die Teilnehmer anleitete, immer tiefer in sich hineinzugehen, versank ich plötzlich in meinem Herzen und löste mich dort für ein paar Momente auf. Danach schwebte ich tagelang auf Wolke sieben und mein Glück schien vollkommen zu sein. Damals fand gerade das Oktoberfest statt und nun störten mich nicht einmal mehr die Betrunkenen, die ich nachts im Taxi durch die Gegend kutschierte. Doch wie schön auch dieser Glückszustand war, nach einer Zeit verschwand er ebenso, wie jeder andere zuvor.

Ende 1989 machte ich mir Bobby McFerrins Song „Don´t worry be happy" zum Lebensmotto. Und es schien zu klappen. Ich machte mir ab sofort überhaupt keine Sorgen mehr und war tagelang einfach nur noch glücklich. Außer mir vor Freude, teilte ich jedem Menschen mit, wie einfach es sei, das Glück zu erreichen. Doch als ich eines Morgens schlecht gelaunt aufstand, war es auch damit vorbei. Und wieder einmal war ich einer Illusion aufgesessen.

In einer anderen Zeitspanne erblickte ich im Verkehr fast täglich einen alten jüdischen Freund. Er fuhr einen dicken Mercedes und vermittelte mir das Bild eines glücklichen und erfolgreichen Mannes. Ich schaute immer schnell zur Seite, wenn ich ihn sah. Ich schämte mich dafür, nur ein kleiner Taxifahrer zu sein. Ich beklagte mein Schicksal und wünschte mir, ganz viel Geld zu verdienen und auch so ein Auto zu haben. Eines Tages trafen wir uns beim Tanken. Nun konnte ich ihm nicht mehr aus dem Weg gehen und wir kamen ins Plaudern. Dabei stellte sich heraus, dass ihm die Luxuskarosse gar nicht gehörte. Er war Chauffeur einer Mietwagenfirma und demzufolge saßen wir im gleichen Boot. Hahaha, da war ich wohl auf meine eigenen Vorstellungen hereingefallen.

Dazu passt eine Parabel aus der Hindu-Mythologie: Einst war ein Mann auf Reisen und geriet zufällig ins Paradies. Nach der Vorstellung der Inder gibt es dort Bäume, die die Fähigkeit besitzen, alle Wünsche zu erfüllen. Wer unter einem solchen Baum sitzt und sich etwas wünscht, dem wird dieser Wunsch sofort erfüllt. Als der Reisende müde wurde, setzte er sich unter einen dieser Wunschbäume und schlief ein. Als er aufwachte, war er sehr hungrig. Also dachte er bei sich: „Ich wünschte, ich würde etwas zu essen bekommen." Und sogleich schwebten köstliche Speisen heran. Als sein Hunger gestillt war, bekam er Durst. Ein neuer Gedanke stieg in ihm auf: „Wenn ich nur etwas zu trinken hätte." Und sofort erschien köstlicher Wein. Während er so im Schatten des Wunschbaumes in aller Ruhe seinen Wein trank, fing er endlich an, sich zu wundern: „Was geht hier vor? Träume ich oder gibt es hier Geister, die ihren Schabernack mit mir treiben?" Und schon tauchten Geister auf, wild und grauenvoll. Da begann er zu zittern und plötzlich kam ihm der Gedanke, dass er getötet werden könnte. Und schon wurde er getötet.

Was wäre eigentlich, wenn sich alle unsere Wünsche tatsächlich erfüllen würden? Versetze Dich ins Schlaraffenland, wo die Tauben gebraten herumfliegen, jeder seinen Traumpartner hat und es keine Probleme gibt. Ok, eine gewisse Zeit könnte das Spaß machen. Aber ein ganzes Leben ohne Hochs und Tiefs? Wir würden vor lauter Langeweile sterben.

Ich habe viele Bücher von Osho gelesen und seinen Tonbandkassetten gelauscht. Insbesondere der Titel „The Hidden Harmony" hatte es mir angetan. Ich habe mir diese Kassette über den griechischen Philosophen Heraklit wohl Tausende Male angehört. Es ging darum, dass wir uns nichts wünschen müssen, um glücklich zu werden. Die Harmonie ist immer da, sie hält sich nur in uns verborgen.

1994 folgte ich Osho´s Rat und hörte auf, mir Dinge zu wünschen. D.h., dass ich jedes Mal, wenn ich einen Wunsch bekam, diesen aus meinem Kopf verbannte. Damit bekamen meine Wünsche keine Nahrung mehr und ebbten langsam ab. Das war anfangs schwierig, doch nach einiger Zeit wurde ich tatsächlich wunschlos. Das machte mich zwar nicht besonders glücklich, doch fiel mir auf, dass ich auch nicht mehr so unglücklich war.

1995 begann ich, Gedichte zu schreiben. Jedes Mal wenn ich am Taxistandplatz wartete, bis ich an der Reihe war, nutzte ich die Zeit, um meine Verse zu reimen. War ich früher immer ungeduldig, wenn die Warterei zu lange dauerte, bekam ich nun Widerstände, wenn es zu schnell ging. Als mir einmal ein passender Reim partout nicht einfallen wollte, ließ ich nicht locker und suchte mit aller Intensität nach dem entsprechenden Wort. Dabei ging ich mit geschlossenen Augen tief nach innen. Plötzlich fand ich mich in einem Raum wieder, in dem ich eine Art Hologramm erblickte. Es war ein wundervolles Bild, das von Liebe, Schönheit und Farbenpracht geprägt war. Schlagartig erkannte ich, dass es sich hierbei um das „Ganze" handelte und mir wurde bewusst, dass ich selbst dieses Glück bin, nach dem ich immer gesucht hatte. In dieser Erkenntnis entfernte sich etwas von mir, das ich immer als mein Ich empfunden hatte und strebte freudig auf das dreidimensionale Gebilde zu. Dort löste es sich einfach auf. Kaum war das geschehen, breitete sich eine ungeheure Freude in mir aus. War ich nun erleuchtet?

Ich bestürmte meine Fahrgäste, unbedingt zu meditieren. Ich fand, dass jeder Mensch die Glückseligkeit seiner eigenen Natur erfahren musste. Mein Hochgefühl hielt wochenlang an, doch eines Tages flaute es ab und machte wieder Platz für

40

gewöhnliche Gefühle wie Traurigkeit, Ärger und Wut. War ich also doch nicht erleuchtet? Ich wusste es nicht und meine Meinung hierüber wechselte in den nächsten Jahren ständig ab. Nur eines war klar: Meine peinigende Suche nach dem Glück war seit jenem Tag erloschen. Nur gelegentlich keimte sie wieder auf. Im Grunde jedoch war damit das zweite meiner vier Probleme gelöst.

Lach-Yoga

1998 erfuhr ich, dass ein alteingeführter Blumenladen im Münchner Stadtteil Schwabing aus Krankheitsgründen zu vergeben war. Ich überlegte hin und her, ob ich mich darauf einlassen sollte, denn ich hatte keine Ahnung von Blumen. Trotzdem bewarb ich mich und erhielt den Zuschlag.

Bis Ende 2001 lief der Laden gut. Als aber Anfang 2002 der Euro eingeführt wurde und es den Leuten langsam dämmerte, dass sich die neue Währung zum Teuro entwickelt hatte, begannen sie, ihren Konsum einzuschränken. In der Folge wurde die gesamte Münchner Blumenbranche von einer Krise geschüttelt. Innerhalb der nächsten zwei Jahre mussten wir unser Personal reduzieren, bis wir schließlich ganz alleine im Laden standen. Auch ein Umzug in einen preisgünstigeren Laden half nicht mehr. Nachdem wir nicht einmal mehr die Miete aufbringen konnten, gaben wir den Laden zum 31.12.2004 auf.

Knapp zwei Jahre vorher hatte ich in einer Zeitschrift folgendes Inserat entdeckt: „Wollen Sie Lach-Yogi werden?" Ich war sofort Feuer und Flamme und nahm an einem Wochenendseminar teil, das bald darauf in München stattfand. Der Seminarleiter war ein indischer Arzt namens Dr. Madan Kataria. Er hatte das Lach-Yoga erfunden, als er einen Artikel über die gesundheitlichen Vorteile des Lachens schreiben wollte. Dabei war er auf die Geschichte des amerikanischen Wissenschaftsjournalisten Norman

Cousins gestoßen. Dieser war in den Sechziger Jahren an einer Entartung des Knochengewebes (Spondylitis Rheumatica) erkrankt. Als er festgestellt hatte, dass seine Schmerzen beim Lachen nachließen, verließ er umgehend die Klinik und therapierte sich mit lustigen Büchern, Filmen und Witzen selbst. Nachdem er seine Erfahrungen in einer medizinischen Fachzeitschrift veröffentlicht hatte, wurde die internationale Ärzteschaft auf den Vorfall aufmerksam. Später fasste Cousins seine Erfahrungen in dem Buch „Der Arzt in uns selbst" (Rowohlt 1981) zusammen.

Im Rahmen seiner Recherchen entdeckte Dr. Madan Kataria auch die Schriften des Professors Dr. William Fry von der Stanford Universität, USA. Dieser hatte das Buch von Cousins gelesen und anschließend begonnen, das Thema wissenschaftlich zu untersuchen. Zu diesem Zweck entnahm er vor und nach dem Lachen sein Blut und analysierte es. Über die Ergebnisse staunte er, denn das Lachen verbesserte tatsächlich seine Blutwerte.

Dr. Kataria fragte sich, warum so wenig gelacht wird, wenn das Lachen doch so gesund ist? Also wollte er die gute Laune in der ganzen Welt verbreiten. Daher kam er auf die Idee, Yogatechniken mit Lachübungen zu verbinden. Auf diese Weise entstand das Lach-Yoga. Er gründete zunächst Lachgruppen in Indien und dann in aller Welt. Eines Tages veranstaltete er den Workshop in München, an dem ich teilnahm. Dr. Katarias anerkennende Worte: "You are a great laugher" erfüllten mich mit Freude. Kam das Lob doch aus berufenem Munde. Zum Abschluss des Lach-Yoga-Seminars bat mich ein anwesendes

Fernsehteam des ORF 2 um ein Interview. Nun erzählte ich, dass ich im Lachen meine Berufung gefunden hätte und Lachtrainer werden wollte. Ein paar Monate später wurde der Beitrag im Österreichischen Fernsehen gesendet. Ich freute mich, mich selbst im TV zu sehen.

Ich möchte hierzu anmerken, dass Osho das Lachen schon in den 1970er Jahren als Meditationstechnik in seinem Ashram eingeführt hatte. Im Jahr 1988 schließlich kreierte er die Mystic Rose. Das ist eine Meditationstechnik, die drei Wochen lang dauert. Dabei wird in der ersten Woche täglich jeweils drei Stunden lang gelacht, in der zweiten Woche täglich drei Stunden geweint und in der dritten Woche täglich drei Stunden lang in Stille gesessen.

Zwei Wochen nach der Ausbildung zum Lach-Yogi gründete ich den Lachclub-München. Die Sache begann zu florieren. Die schnell wachsende Teilnehmergruppe traf sich einmal wöchentlich am Dienstagabend. Es machte Spaß und die Leute begannen, sich miteinander zu befreunden. Dass ich zu diesem Zeitpunkt bereits geschäftliche Probleme hatte, tat der Sache keinen Abbruch.

Als mich Kavito einmal in den Lachclub begleitete, bemerkte sie, dass mich eine der Teilnehmerinnen offen anhimmelte. Obwohl ich mit der jungen Frau nichts Sexuelles am Hut hatte, wurde meine Frau maßlos eifersüchtig. Als ich eines Tages mit ihrer vermeintlichen Nebenbuhlerin telefonierte, riss mir Kavito den Telefonhörer aus der Hand und beschimpfte die unschuldige Frau. Fortan blieb diese der Lachgruppe fern und mit ihr bald die ganze Truppe. Obwohl ich mich zwei weitere Jahre unermüdlich für das Lachen einsetzte, fand sich kein fester Teilnehmerkreis mehr zusammen.

Anlässlich des Weltlachtages, der alljährlich am ersten Sonntag im Mai stattfindet, organisierte ich im Jahre 2005 einen Friedenslachmarsch in München. Ich hatte dazu ehemalige und aktuelle Mitglieder meines Lachclubs eingeladen, Hunderte von Einladungen per E-Mail verschickt, die Presse informiert und ein Interview bei einem lokalen Radiosender gegeben.

Am 1. Mai hatte die Polizei die gesamte Ludwigstraße vom Siegestor bis zum Odeonsplatz gesperrt. Das kam, weil ich den Lachmarsch bei der Stadtverwaltung als Demonstration anmelden musste. Das Wetter war fantastisch und meine Vorfreude groß. Doch als es losging, waren nur zwölf Teilnehmer erschienen. Da stand ich da mit meinem Megafon in der Hand und schaute betreten aus der Wäsche. Ein Reporter des Münchner Wochenblatts bezeichnete mich anschließend als den „ernst dreinblickenden Herrn mit dem knallroten T-Shirt." Hahaha!

In dieser Zeit fragte ein großes Unternehmen an, ob ich ein Lachseminar durchführen könne. Bei dem bevorstehenden Firmenjubiläum wollte der oberste Chef sein Führungsteam mit Lach-Yoga überraschen. Ich schaute im Internet nach und stellte fest, dass dieses Unternehmen in mehreren deutschen Großstädten vertreten war. Da sah ich mich im Geiste schon als erfolgreicher Motivationstrainer durch die Lande reisen.

Ein paar Wochen später stand ich also vor zwanzig ahnungslosen Managern und erklärte ihnen, worum es ging. Dann bat ich sie, Jacken und Sakkos abzulegen. Als ich mit meinen Lachübungen begann, schauten die eben noch so selbstbewussten Damen und Herren verunsichert im Raum herum. Es war ihnen peinlich, sich vor ihren Kollegen gehen zu lassen. Ich versuchte, die Leute mit ganzem Einsatz zu motivieren und rief ihnen zu: „Lasst es raus!" Doch sie wollten ihre reservierte Haltung nicht aufgeben. Nach dreißig Minuten schmiss ich das Handtuch, holte meinen Scheck ab und fuhr frustriert nach Hause.

Im Jahr 2007 wurde ich Dozent an der Volkshochschule München. Im Olympiapark veranstaltete ich einmal wöchentlich einen Kurs in Lach-Yoga. Im Vorwort des Programmheftes hatte der damalige Oberbürgermeister Christian Ude eigens auf diese Veranstaltung hingewiesen. Daher wurde der Kurs zahlreich besucht. Den Leuten gefiel es und sie machten bis zum letzten Abend begeistert mit. Da meine Frau und ich jedoch beschlossen hatten, von München wegzuziehen, beließ ich es trotz vieler Bitten bei diesem einen Kurs.

Mehrere Wissenschaftler bestätigen inzwischen, dass das Lachen tatsächlich die beste Medizin ist. Sie haben herausgefunden, dass beim Lachen das Immunsystem gestärkt wird. Dabei werden Glücksbotenstoffe aktiviert und Stresshormone abgebaut, der Stoffwechsel angeregt, die Atmung vertieft, fast die gesamte Vorratsluft der Lunge stoßweise herausgepresst, der Sauerstoffaustausch im

Gehirn verbessert und das Herz-Kreislauf-System in Schwung gebracht. Die Kosten im Gesundheitswesen könnten gesenkt werden, wenn die Krankenkassen ihre Mitglieder zum Lach-Yoga schicken würden. Dass das Lachen jedoch kein Weg zur heiteren Gelassenheit ist, wie viele Lachtherapeuten gern behaupten, zeigt die folgende Geschichte:

Eines Tages platzte ein wildfremder Mann in den Seminarraum, wo wir unseren allwöchentlichen Lach-Yoga-Abend abhielten. Er beschwerte sich über den Lärm, den wir beim Lachen machten. Das war kein Wunder, denn wir hatten alle Fenster weit geöffnet, weil seit Wochen Temperaturen von über 30 Grad herrschten. Um den aufgebrachten Nachbarn zu besänftigen, lud ich ihn ein, mitzulachen. Doch er hatte keinen Humor und verbat sich unter Androhung der Polizei jede weitere Belästigung. Da kam der Ärger in mir hoch und ich empfahl ihm, schleunigst zu verduften. Anschließend lachten wir wieder weiter, doch die Stimmung war im Eimer.

Advaita-Vedanta

Im Juli 2009 hatte ich plötzlich ein intensives spirituelles Erlebnis. Um herauszufinden, was sich hinter meinen chronischen Verspannungen verbarg, hatte ich mich etwa eine Stunde lang in meine linke Körperseite hinein vertieft. Plötzlich erfuhr mich als grenzenloses Bewusstsein. Es dauerte nur wenige Augenblicke und ich ahnte nicht, dass sich diese Erfahrung noch vertiefen sollte.

Nun schaute ich mir die Beiträge auf Jetzt-TV an. Dieser Onlinesender zeigt Videos und Interviews mit Satsang Lehrern und spirituellen Meistern. Der Begriff Satsang bezeichnet in der indischen Philosophie das Zusammensein spiritueller Sucher mit einem erwachten Lehrer.

Die Erwachten haben zu allen Zeiten gesagt, dass wir reines Bewusstsein sind. Dachte ich früher immer, dass das Erwachen ein seltenes Phänomen ist und nur auserwählten Seelen widerfährt, so beharren die Satsang Lehrer darauf, dass das Erwachen ganz ohne Anstrengung für jedermann möglich ist.

Die meisten Satsang Lehrer vertreten die Advaita-Vedanta Philosophie. Sie bedeutet „Nicht-Dualität" und erklärt diese zur höchsten Realität. Auf diesen Begriff komme ich später zurück. Der bekannteste Vertreter des Advaita-Vedanta war der indische Erleuchtete Shankara (788 – 820). Ein neuerer Meister dieser Linie ist H.W.L. Poonja, genannt Papaji (1910 – 1997). Er wurde von vielen westlichen Suchern aufgesucht, denn er vertrat die Ansicht, dass keinerlei

Vorbereitung auf die Erleuchtung notwendig sei. Ja, es wäre nicht einmal notwendig, zu meditieren. Allein die Lösung des Rätsels auf die Frage nach dem „Wer bin ich?" sei entscheidend.

Wochenlang schaute ich mir auf „Jetzt-TV" sämtliche verfügbare Filmbeiträge an. Einer der Satsang Lehrer beschrieb den Sitz des Bewusstseins so konkret, dass ich diesen Ort plötzlich völlig überraschend in mir erblickte. Das war der Raum, den Meher Baba einmal als „Höhle des Herzens" bezeichnet hatte. Dreißig Jahre lang hatte ich diesen Ort gesucht und jetzt erkannte ich, dass er mitten in meiner Brust lag, viel näher, als ich jemals dachte.

Von nun an betrat ich diesen Raum, wann immer ich wollte. Ich konnte einfach nicht glauben, wie einfach es war. Und jedes Mal machte ich die Erfahrung, dass ich dieses Raum-Bewusstsein bin. Das musste der Ort sein, von dem Osho bei meiner Einweihung gesprochen hatte.

Als ich Anfang September 2009 einen Mittagsspaziergang mit meinen beiden Hunden machte und über dieses grenzenlose Bewusstsein nachdachte, transzendierte ich urplötzlich in diese völlig unbegrenzte Leere. Man kann sich das nicht vorstellen, aber mein vertrautes Ich-Gefühl war vollkommen verschwunden. Ich existierte ganz einfach nicht mehr als Ich und aus großer Entfernung hörte ich die Stimme meines Verstandes, der fieberhaft analysierte, was da eigentlich los war. Sie hatte den Tonfall eines erregten Reporters, der über eine Katastrophe berichtete, deren Ausmaß er nicht begreifen konnte.

Trotz alledem existierte da ein Wissen, das den Weg kannte und meine Füße auf dem gewohnten Weg nach Hause laufen ließ. Als ich einen Telefonanruf erhielt, war ich völlig überrascht, denn wer sprach da aus meinem Mund? Ich hatte mich selbst verloren. Dieser Zustand hielt bis zum Abend an. Es war grauenvoll, doch war niemand da, der Angst hätte haben können. Als ich meinen Verstand fragen hörte, ob ich nun erleuchtet sei, kehrte mein Ich-Gefühl sanft wieder zurück.

Gleichwohl hatte ich erkannt, dass ich nicht die Stimme in meinem Kopf bin. Denn da ich diese Stimme beobachten konnte, konnte ich nicht gleichzeitig diese Stimme sein. Osho hat diese Tatsache oft betont, doch nun hatte ich zum ersten Mal verstanden, dass ich in Wirklichkeit der Beobachter und nicht das Beobachtete bin. Später erinnerte mich dieser Vorfall an die Erlebnisse von Pyar Troll, die dieses Martyrium jahrelang ertragen musste. Nachzulesen in ihrem Buch: „Reise ins Nichts".

Aus unserem Zentrum steigen ständig Gedanken auf. Mir wurde klar, dass man sie ebenso wie Wolken am Himmel, vorbeiziehen lassen kann. Wenn man aber anfängt, an einem Gedanken festzuhalten und ihn zu thematisieren, dann entfernt man sich aus dem Hier und Jetzt. Denn jetzt geht man geistig in die Vergangenheit oder Zukunft. Denken ist nur dann sinnvoll, wenn man es zum Organisieren, Konstruieren oder Planen benutzt.

In den nächsten Tagen tauchte immer wieder die Frage auf, ob ich nun erleuchtet sei. Ich begriff, dass ich mich gerne damit brüsten würde. Doch mir war vollkommen klar, dass „ich" niemals erleuchtet sein kann. Denn das Ich ist nur eine geistige Konstruktion. Damit hatte ich die Frage als Ego-Gier durchschaut und gab sie einfach auf.

Mir wurde klar, wie das Universum entstanden sein konnte: Unendliche Zeiten lang war der Kosmos vollkommen leer gewesen. Doch war diese Leere nicht inhaltslos, sondern bestand aus reinem Bewusstsein. Aus diesem Bewusstsein formte sich eines Tages Geist. Dieser Geist sorgte für den Urknall. Aus einer Abfolge von Vorgängen entstand Materie und erzeugte lebende Zellen Baustoffe pflanzlicher, tierischer und menschlicher Körper. Der Geist war fortan überall zu finden, auch im Menschen. Dort erschuf er die Fähigkeit des Denkens. Doch die Quelle allen Lebens ist das Bewusstsein, das alle Materie durchdringt.

Max Planck stellte einst fest, dass feste Stoffe, wie z.B. Holz, Stein oder Beton, nicht wirklich fest sind. Sie bestehen aus Partikeln, die mit extrem hoher Geschwindigkeit hin- und herschwingen. Da fragte er sich, welche Kraft die Dinge als feste Materie zusammenhält. Da er keine Erklärung fand, bezeichnete er diese Kraft als intelligenten bewussten Geist.

Am 4. Juli 2012 lösten Wissenschaftler des Kernforschungszentrums Cern (Kanton Genf, Schweiz) das Rätsel. Sie gaben bekannt, dass sie höchstwahrscheinlich das Elementarteilchen gefunden hätten, das allen Partikeln, welche sein Kraftfeld durchqueren, Masse verleiht. Es wird Higgs-Boson oder auch Gottesteilchen genannt. Nun haben die Physiker eine Vorstellung davon, wie etwa Mauern zusammengehalten werden.

Eine Zeit lang folgte ich dem Online-Satsang von Samarpan. Ich begann seine Botschaft, negative Emotionen zu fühlen, zu verstehen. Tat ich das, dann verschmolz ich mit ihnen und sie lösten sich auf. Mit dieser Technik fanden alle persönlichen Dramen ein Ende. Das war fantastisch, denn damit begann die Negativität aus meinem Leben zu verschwinden.

Ich habe mein ganzes Leben lang meine negativen Emotionen abgelehnt. Überkamen sie mich, dann tat ich das, was jeder tut, ich verdrängte sie. Und je nachdem, wer die Person war, die meinen Ärger ausgelöst hatte, hielt ich entweder meinen Mund oder ich ließ mir nichts gefallen und schimpfte lauthals drauflos. In beiden Fällen jedoch verdrängte ich meinen Ärger – und zwar nach innen oder nach außen. Nun erkannte ich, dass es auch einen Weg der Mitte gab: Dieser bestand darin, nicht auf äußere Reize zu reagieren, sondern alle negativen Emotionen bewusst anzunehmen.

Bald fand ich heraus, dass es sich bei dieser Technik um das 51. Sutra aus dem Vigyana Bhairava Tantra (übs: Technik die über das gewöhnliche Bewusstsein hinausgeht) handelt. Diese uralte tantrische Schrift enthält 112 Meditationstechniken, die von Osho im „Buch der Geheimnisse" kommentiert wurden.

Ich entschloss mich, ein Buch über diese Technik zu schreiben, weil ich den Menschen zeigen wollte, dass sie ihre negativen Emotionen nicht automatisch verdrängen müssen. Schließlich weiß jeder, dass das Verdrängen inneres Leiden auslöst. Und das macht schließlich überhaupt keinen Sinn.

Kennst Du den Witz, wo der Arzt den Patienten fragt: „Was macht eigentlich Ihr altes Leiden?" „Keine Ahnung, wir sind seit einem halben Jahr geschieden."

Persönlichkeit

Ich habe irgendwo gelesen, dass sich materielle und spirituelle Menschen unversöhnlich gegenüberstehen. Während für die einen eine kristallisierte, profilstarke und selbstsichere Persönlichkeit das Maximum der menschlichen Entwicklung ist, zählt für den Sucher nur die Erleuchtung.

Das Grundgesetz garantiert uns zwar die freie Entfaltung der Persönlichkeit, doch was ist Persönlichkeit eigentlich? Da sich Philosophen und Psychologen nicht einig sind, gehe ich zunächst auf die Etymologie (Wortherkunft) dieses Wortes ein: Das Wort Persönlichkeit leitet sich vom lateinischen Wort „Persona" ab. Diese bezeichnete eine Maske, die in der Antike von griechischen Schauspielern getragen wurde. Die Persona (Persönlichkeit) diente also der Darstellung von Theaterrollen.

Untersuchungen von Zwillingen zeigen, dass unsere Persönlichkeit aus einer Mischung von Genetik und Verhaltensmustern besteht. Während unsere Genetik ererbt ist, bilden sich unsere Verhaltensmuster in den ersten Lebensjahren. In dieser Zeit nehmen wir alles auf, was in unserer Umgebung geschieht. Wir verstehen zwar nicht, worüber unsere Eltern reden, erleben aber, wie sie sich freuen und ärgern, lieben und streiten. Wir spüren ihre Spannungen, Sorgen und Enttäuschungen. Wir bekommen mit, wie sie sich unter Stress verhalten und ihre Gefühle verdrängen. Wir erfahren, dass wir lieb sein müssen und abgelehnt werden, wenn wir ihre Erwartungen nicht erfüllen. Und da wir sie aus vollem Herzen lieben, ahmen wir sie in allem nach, was sie uns vorleben. Unsere Persönlichkeit besteht also aus einem Mix von Genetik, Erziehung und Nachahmung, dazu kommen astrologische Einflüsse.

Die Astrologie hilft uns, herauszufinden, wie wir sind. So verrät unser Geburtshoroskop, ob wir entschlossen oder unentschlossen handeln, logisch oder intuitiv denken, kontrolliert oder emotional reagieren, Führungsqualitäten besitzen oder lieber die zweite Geige spielen, ob wir beziehungsfähig sind oder lieber die Partner wechseln und tausend andere Dinge mehr. Letztlich sagt uns die Astrologie aber nicht, wer wir sind. Das müssen wir selbst herausfinden.

Eine Löwin brachte einmal mitten im Sprung einen kleinen Löwen zur Welt. Dieser fiel auf einen Weg, auf dem gerade eine Herde Schafe vorbeizog. Fortan blieb er bei den Schafen und lernte, sich wie ein Schaf zu verhalten.

Der kleine Löwe identifizierte sich so sehr mit seinem Verhaltensmuster, dass er nicht ahnte, ein Löwe zu sein. Er sah ein bisschen merkwürdig aus, doch die Schafe fürchteten ihn nicht, weil sie sich an ihn gewöhnt hatten. So wuchs er zu einem schönen jungen Löwen heran.

Eines Tages kam ein alter Löwe vorbei und sah diesen jungen Löwen aus der Schafherde herausragen. Er traute seinen Augen nicht. Der junge Löwe blökte wie ein Schaf, fraß Gras wie ein Schaf und benahm sich wie ein Schaf. Der alte Löwe vergaß, dass er eigentlich ein Schaf für sein Frühstück reißen wollte.

Er sprach den jungen Löwen an, doch der lief davon, wie ein Schaf. Als es dem Alten gelang, ihn zu fangen, schrie und weinte der Junge und sagte: „Tu mir nichts, ich bin nur ein armes Schaf." Da erwiderte der alte Löwe: „Du Idiot, komm mit mir zum Teich!"

Der Teich war so still wie ein Spiegel. Und der alte Löwe sagte zu dem jungen Löwen: „Schau hinein. Schau mein Gesicht an und schau dein Gesicht an! Schau meinen Körper an und schau deinen Körper an!" Der junge Löwe starrte ins Wasser, sah dort das Spiegelbild des alten Löwen und dann seines und im Bruchteil einer Sekunde brach ein lautes Brüllen aus seiner Kehle hervor. Seine Identität mit dem Schaf war verschwunden, denn der junge Löwe hatte sich selbst erkannt. Und der alte Löwe sagte: „Ich brauche nichts mehr zu sagen, du hast es verstanden."

Unsere höchste Realität ist vollkommen unbegrenztes Bewusstsein. Unser Denken dagegen grenzt uns auf die Vorstellung ein, eine Person zu sein. Diese Vorstellung ist jedoch nur ein geistiges Muster. Es bleibt immer gleich, weil sich unsere Personalien, wie z. B. Name, Geburtsort, Geburtsdatum usw. nie verändern. Auch das, was wir über uns denken, ist Teil eines geistigen Musters. Da wir mit diesem identifiziert sind, haben wir uns von unserem unbegrenzten Bewusstsein abgetrennt. Wir sind zu Personen geworden, die in sich uneins sind.

Wie man es dreht und wendet, unsere Persönlichkeit bleibt doch nur ein geistiges Muster. Daher ist es eigentlich unwichtig, herauszufinden, wie wir sind. Trotzdem beschäftigen wir uns ausschließlich damit und haben sogar Systeme entwickelt, die unsere widersprüchliche Persönlichkeit entschlüsseln sollen. So haben wir z. B. Astrologie, Vier-Elementelehre, Vier-Säftelehre und Temperamentenlehre erfunden.

Der nach Erleuchtung strebende Mensch glaubt, dass nach der Erleuchtung nur noch grenzenlose Liebe und vollkommene Glückseligkeit vorhanden sind. Das mag auf subtile Art zutreffen, aber auf der physischen Ebene müssen wir weiterhin alle Gegensätze, wie Liebe und Hass, Stärke und Schwäche, Glück und Unglück erfahren. Erst wenn wir diese Gegensätze auf der emotionalen Ebene bewusst annehmen, können Liebe und Glückseligkeit in uns aufblühen.

Neurowissenschaftler bestätigen inzwischen, dass unser Ich das Ergebnis eines neurologischen Prozesses ist. Sie glauben, dass in verschiedenen Arealen unseres Großhirns neuronale Interaktionen ablaufen, die wir insgesamt für unser Ich halten. Damit sind sie auf der richtigen Spur. Mystiker haben schon immer erklärt, dass das Ich nur eine Illusion ist.

Lieber Leser, ich bitte Dich um ein kleines Experiment: Schließe Deine Augen und versuche, Dein Ich zu finden. Gehe tief nach innen und schaue intensiv nach. Lasse Dich dabei nicht von Deinen Gedanken stören. Denn gleichzeitig denken und beobachten funktioniert nicht. Wenn Du dieses Ich nicht findest, dann kannst Du vielleicht einräumen, dass es tatsächlich nur gedanklich existiert. Da dieser Ich-Gedanke jedoch völlig real wirkt, bist Du vollkommen mit ihm identifiziert. Identifikation in diesem Sinne bedeutet, dass Du auf eine Illusion hereingefallen bist, denn Dein Ich ist nichts anderes als eine Selbsttäuschung.

Als Woody Allen einmal gefragt wurde, was wäre, wenn die ganze Welt eine Illusion wäre, soll er geantwortet haben: „In diesem Falle hätte ich für meinen neuen Teppich definitiv zu viel bezahlt."

Ego

Eine der Selbsterfahrungsgruppen, die ich 1979 in Pune machte, hieß „Enlightenment Intensive". Hier ging es drei Tage lang nur um die Frage: „Wer bin ich?" Die Antworten der Teilnehmer bezogen sich hauptsächlich auf ihre persönlichen Probleme. Z.B. hieß es: „Ich werde ständig von meinem Vater kritisiert … Niemand mag mich … Ich kann die Ungerechtigkeiten der Welt nicht ertragen … Ich habe viele Schuldgefühle." Auch ich war ausschließlich damit beschäftigt, über meine Konflikte zu reden. Damit blieb mir der eigentliche Sinn der Frage verborgen. Denn die Frage zielte alleine darauf ab, wer ich war. Es ging also darum, eine unmittelbare Seins-Erfahrung zu machen.

Anfang Februar 2012 veröffentlichte eine große deutsche Tageszeitung Interviews, die sie mit Straßenpassanten geführt hatte. Die Frage lautete: „Welche Macken habt Ihr?" Fünf junge Frauen antworteten:

Die Erste: „Ich trinke den ganzen Vormittag über Kaffee. Nach dem Aufstehen, in der Bahn und an der Arbeit. Ohne Kaffee bin ich schlecht drauf und werde nicht richtig wach."

Die Zweite: „Seit meiner Schulzeit gönne ich mir so oft es geht, ein Mittagsschläfchen. Allerdings bringt das immer meinen ganzen Tagesablauf durcheinander."

Die Dritte: „Meine Macke heißt Facebook. Ständig gucke ich, ob mir wer geschrieben hat. Ich bin einfach viel zu neugierig und will immer auf dem neuesten Stand sein."

Die Vierte: „Schuhe kaufen ist meine größte und liebste Macke. Wenn ich schöne Pumps oder Stiefel sehe, kann ich einfach nicht vorbei gehen und muss sie unbedingt haben."

Die Fünfte: „Ich bin viel zu perfektionistisch. Egal ob Abendplanung oder Geschenke kaufen – ich übernehme immer alles. Meine Freunde akzeptieren diese Macke zum Glück."

Es fällt auf, dass im Zentrum aller Selbstbetrachtungen immer das Wort „Ich" steht. Obwohl dieses Ich einfach nur ein Gedanke ist, kontrolliert er doch unser Leben. Mit diesem Ich-Gedanken reduzieren wir uns auf die Vorstellung, ein Jemand zu sein, der uns sagt, was und wie wir es tun sollen. Das bringt Probleme mit sich, denn wir können unseren Idealvorstellungen nicht entsprechen. Das liegt daran, dass wir bereits vollkommen sind, denn ein unbegrenztes Bewusstsein ist allumfassend.

Unser Denken gehört der dritten Dimension „Zeit" an. Daher bewegt es sich zwischen Vergangenheit und Zukunft hin und her. Damit sind wir Gefangene unserer Vorstellungen. Das Hier und Jetzt dagegen gehört der vierten Dimension „Raum" an. Dieser befindet sich genau in der Mitte zwischen Vergangenheit und Zukunft. Im Raum gibt es nichts als Leere, weswegen hier kein Denken existiert und daher keine Schwierigkeiten, Konflikte oder Dramen. Wenn Du Dir der vierten Dimension bewusst wirst, dann wirst Du zum Raum-Zeit-Kontinuum, was bedeutet, dass sich Raum und Zeit in Dir vereinigen. Auf der praktischen Ebene bedeutet das, dass Du die Gegensätze von Freud und Leid zwar weiterhin erfahren musst, gleichzeitig aber völlig frei davon bist.

Der Ich-Gedanke bildet sich im Kindesalter, wenn wir anfangen, das Wort „Ich" zu verbalisieren. Dadurch erzeugen wir ein Du und grenzen uns von der Umwelt ab. Auf diese Weise spalten wir die Welt in mein und dein. Das geht schon im Sandkasten los, wenn wir um Schaufeln und Förmchen streiten.

Ein kleines Mädchen geht mit seiner Oma im Regen spazieren. An jeder Pfütze befiehlt sie: „Oma hüpf!" Ein Mann beobachtet die Beiden und fragt dann: „Wieso lässt Du die arme Oma denn ständig hüpfen?" Die Kleine ist ganz empört und stellt klar: „Das ist MEINE Oma, und die muss so oft hüpfen, wie ICH will!"

Ich bitte Dich an dieser Stelle noch einmal, Deine Gedanken zu beobachten. Wenn Du ihrer gewahr werden kannst, dann kannst Du diese Erfahrung noch vertiefen. Mache Dir die Mühe, Deine Gedanken bis zu ihrem Ursprung zurückzuverfolgen. Dann kommst Du an die Quelle, aus der sie aufsteigen. Und dann wirst Du eine fundamentale Wahrheit begreifen.

Worin besteht der praktische Unterschied zwischen dem Beobachter und dem erdachten Ich? Stell Dir vor,

Du bist Zeuge eines Verkehrsunfalls. Dann bist Du der Beobachter. Die beteiligten Autofahrer aber steigen aus ihren Autos und beginnen erregt zu diskutieren. Damit sind sie mit dem Unfallhergang identifiziert. Wenn die Polizei kommt, dann kannst Du ganz sachlich schildern, was Du gesehen hast. Die beteiligten Unfallgegner aber sind immer noch aufgewühlt, weil sie emotional in die Sache verstrickt sind.

Da das erdachte Ich im Zentrum unseres Denkens sitzt, ist es mit allen Gedanken verwoben. Damit kann es uns alles Mögliche vorgaukeln. Z.B. dass wir nicht gut genug sind. Wie oft denken wir nicht: „Ich muss mich ändern." Ist es wirklich nötig, sich selbst und seine tausend Probleme zu verändern? Wäre es nicht viel einfacher, sich seiner vierten Dimension bzw. seines unbegrenzten Bewusstseins bewusst zu werden? Von diesem Moment an jedenfalls wird man nichts mehr in sich ändern wollen. Dann ist alles gut so, wie es ist.

Die großen westlichen Denker haben versucht, uns Ideologien, Philosophien, Methoden und Wege zu zeigen, die uns glücklicher machen sollen. Das hat jedoch nicht funktioniert, weil unser denkendes Ich dem Glück im Wege steht. Es hat einen Keil zwischen Herz und Verstand bzw. zwischen dritter und vierter Dimension getrieben. Diese Spaltung nannte Osho eine Neurose.

Neurosen

Lt. Weltgesundheitsorganisation (WHO) ist Gesundheit nicht allein die Abwesenheit von Krankheit und Gebrechen, sondern ein Zustand des vollständigen körperlichen, geistigen und sozialen Wohlbefindens. Dieser von der WHO interpretierte Zustand ähnelt der buddhistischen Vorstellung vom Nirwana. Doch gibt es einen gravierenden Unterschied: Nirwana schließt die Anwesenheit von Krankheit und Gebrechen nicht aus. So kann ein Mensch, der sich im Nirwana (Nicht-Seins-Ebene bzw. vierte Dimension) befindet, auf seiner persönlichen Ebene (Seins-Ebene bzw. dritte Dimension) durchaus mit körperlichem, geistigem oder sozialem Unwohlsein konfrontiert sein.

Im Glauben, dass es Wege zum Wohlbefinden gibt, tut unser Ego alles, um dieses Ziel zu erreichen. Doch wehe, das ungetrübte Glück will sich nicht einstellen. Dann spielen unsere Nerven verrückt. Eine Neurose (griech.: schlechte Nerven) entsteht also z. B. dadurch, dass wir das ablehnen, was uns unglücklich macht. Damit leben wir in einer Sackgasse, denn wir haben das Leben nicht verstanden. Es bewegt sich vorwärts, indem es zwischen den Gegensätzen hin- und herschwingt. Dadurch kommt es mit sich selbst in Einklang.

Die Psychologie versteht unter Neurose eine psychische Störung. Die Ursachen können z.B. in einer problematischen Kindheit oder einem nicht verarbeiteten Trauma liegen. Ansprechpartner für

Menschen mit Neurosen sind Fachärzte für Psychotherapie.

Osho betrachtete die Sache von einer tieferen Ebene. So waren Neurosen für ihn weitaus mehr, als nur die üblichen Persönlichkeitsstörungen. Er hielt die ganze Menschheit für neurotisch, weil jeder von seinem wahren Selbst abgespalten ist.

Es gibt also drei Ursachen für Neurosen:

1. Traumata

2. Verdrängte Gefühle

3. Unwissenheit über das wahre Selbst bzw. die vierte Dimension

Der Versuch der Psychotherapie, den Menschen von seinen psychischen Störungen zu befreien, mag vielleicht den einen oder anderen Konflikt beheben, kann uns aber nicht grundsätzlich von unserer Neurose befreien. Denn dazu müssten wir die negativen Seiten des Lebens annehmen.

Die 51. Technik des Vigyana Bhairava Tantra fordert uns auf, unsere negativen Emotionen bewusst anzunehmen und aufzulösen. Das hat zur Folge, dass unsere Lebensenergie frei zwischen den Gegensätzen hin- und herschwingen kann. Was auch immer Dich glücklich oder unglücklich macht, werde eins damit. Fühle jede Emotion und lass Dich bewusst von ihr erfüllen. Wenn Du wütend wirst, dann verlege Dein Zentrum nicht auf die Person oder Sache, die die Wut ausgelöst hat, sondern fühle Deine Wut in ihrer Totalität und löse sie somit auf.

Der eigentliche Sinn dieser, wie auch aller anderen Meditationstechniken besteht darin, uns mit unserem wahren Selbst bzw. dem unbegrenzten Bewusstsein oder der vierten Dimension zu verbinden. Sie eignet sich für jeden Menschen, sei er nun arm oder reich, krank oder gesund, Katholik, Jude oder Moslem. Wer die Technik des Fühlens ausübt, lernt, seine negativen Emotionen anzunehmen. In diesem Prozess funktioniert das Ego nicht mehr. Und ohne diesen Einfluss bist Du in Harmonie mit Dir selbst.

Stell Dir also vor, Du verlegst Dein Zentrum nicht mehr auf die Person oder Sache, die Deine negativen Emotionen auslöst, sondern akzeptierst ganz einfach das, was sich in Dir abspielt. Z.B. bist Du wütend auf Deinen Partner und bleibst dennoch ganz ruhig und gelassen. Oder Du beherrscht die Methode, Angst und Schuldgefühle anzunehmen. Ein Leben ganz entspannt im Hier und Jetzt? Ja das ist absolut möglich.

Der Psychiater fragt: „Wie ist Ihr Name?" „George Washington." Vor zwei Wochen aber behaupteten Sie, Margaret Thatcher zu heißen!" „Ja das stimmt, aber das war mein Mädchenname."

Fühlen

Wissenschaftler haben untersucht, warum wir die Musik so lieben. Sie vermuten, dass es an der Ähnlichkeit der Instrumentenklänge mit der menschlichen Sprache liegt. Ich glaube jedoch, dass uns die Musik deshalb so verzaubert, weil wir durch sie unsere Emotionen so herrlich fühlen können.

Was wären die großen Filme ohne die Musik? Sie erhebt uns in höchste Höhen und stürzt uns in tiefste Täler. Emotionen von Angst, Verzweiflung, Wut und Trauer packen uns. Durch die Musik fühlen wir mit, was uns die Bilder zeigen. Auf welche Weise lauschst Du einem Musikstück, wie z.B. der „Meditation" von Jules Massenet? Denkst Du: „Oh wie schön" oder verschmilzt Du einfach mit der Schönheit dieser Klänge? Wenn Du anfängst, über die Musik nachzudenken, bist Du vom Fühlen abgeschnitten.

Wenn Du Dich z.B. ärgerst, zu Recht oder zu Unrecht, dann denke nicht über den Anlass nach. Du brauchst die Geschichte nicht zu analysieren. Damit kommst Du nur vom Hundertsten ins Tausendste. Davon abgesehen kannst Du nicht in die Vergangenheit gehen und das Ereignis ungeschehen machen. Wenn Du Deine Aufmerksamkeit ausschließlich auf den Ärger richtest und solange bei ihm bleibst, bis Du mit ihm verschmilzt, dann verschwindet er. Dann bist Du wieder im Reinen mit Dir selbst.

Damit wird der Unterschied zwischen dem illusionären Ich und dem Beobachter nochmals klar: Während das illusionäre Ich die Dinge aus einer persönlichen Perspektive (Zuneigung oder Ablehnung) sieht, sind die Dinge für den Beobachter so, wie sie sind. Das liegt daran, dass die Beobachtung der vierten Dimension angehört.

Immer wieder schauen mich Menschen zweifelnd an, wenn ich ihnen sage, dass sie fühlen lernen müssen. Sie sind der Meinung, dass sie das von Haus aus können und auch tun. Das stimmt natürlich, doch lassen sie sich von ihren Gefühlen leiten. Das liegt daran, dass sie sich ihrer Gefühle zwar bewusst sind, ihre Aufmerksamkeit aber auf ihr Denken legen. Damit füttern sie ihre Emotionen, was bedeutet, dass z. B. Wut ungezügelt hochkochen kann. Fühlen im Sinne dieser Meditationstechnik dagegen bedeutet, sich nicht von seinen Emotionen vereinnahmen zu lassen.

Angenommen Du bist in einem Restaurant und der Kellner kommt Dir irgendwie blöd. Umgehend schaltet sich die linke Seite Deines Großhirns und Du denkst: „Das geht doch nicht!" Dann ärgerst Du Dich und willst zurückschlagen.

Betrachten wir einmal unser Gehirn. Es besteht aus drei Teilen: das Großhirn (auch Neocortex oder denkendes Hirn), das Kleinhirn (auch limbisches System oder emotionales Hirn) und das Stammhirn (auch Hirnstamm oder Reptilienhirn). Im Internet habe ich eine kleine Geschichte gefunden, die die unterschiedlichen Hirnfunktionen gut veranschaulicht. Stell Dir vor, Du fährst Auto und plötzlich bremst direkt vor Dir ein Lastkraftwagen scharf ab. Während

Du den Unfall in letzter Sekunde verhinderst, spielt sich in Deinem Gehirn folgendes ab:

1. Dein Stammhirn, ältester Teil des Gehirns, entscheidet blitzschnell über die Reaktion, die für diese Situation nötig ist. In unserer Geschichte trittst Du nun auf die Bremse und reißt das Lenkrad herum.

2. Die Reaktionsgeschwindigkeit wird dabei vom Kleinhirn bestimmt. Zu diesem Zweck schüttet es Stresshormone wie z.B. Cortisol und Adrenalin ins Blut aus.

3. Dein Großhirn, zeitgeschichtlich das Jüngste der drei Hirne, beginnt die Situation in seiner linken Hemisphäre zu analysieren, sobald der Moment der Gefahr vorüber ist. Die Stresshormone bauen sich langsam wieder ab. Dies geschieht z.B. durch den Neurotransmitter Serotonin.

Das Gehirn hat also die Fähigkeit, Stresshormone im Körper abzubauen. Es gibt jedoch keine Hirnfunktion, die den Schrecken auf der emotionalen Ebene auflösen kann. Wenn Du das nicht selber tust, dann versinkt er langsam in Dein Unterbewusstsein und summiert sich zu den unverarbeiteten Schocks Deines bisherigen Lebens.

Kommen wir zurück zum Kellner, der Dich irgendwie dumm angeredet hat. Was passiert nun mit Dir? Du bist fassungslos, denn Du hast erwartet, wie ein König behandelt zu werden. Also beginnst Du Dich kräftig zu ärgern. Deine Hormone rüsten sich zum Kampf, als ob es um Dein Leben ginge. Doch das ist der entscheidende Moment: Breche wenigstens ein einziges Mal mit Deinem mechanischen Reaktionsmuster. Wenn Du Deinen Ärger nur einmal bewusst betrachten und fühlen kannst, dann hast Du die ganze Meditationstechnik verstanden. Nun kannst Du Dich ganz entspannt Deinem Essen widmen. Was den Kellner betrifft, dann wird er vielleicht irritiert eine Schüssel fallen lassen, denn damit hat er nicht gerechnet.

Die kognitive Psychotherapie versucht das Problem zu lösen, indem sie auf Gedankenkontrolle setzt. Sie hofft, dass sich dadurch bessere Emotionen erzeugen lassen. Im Falle des Kellners müsstest Du z.B. denken: „Der arme Kerl ist schon gestresst genug. Ich will ihn nicht noch zusätzlich belasten." Die Psychotherapie versucht damit, Deine Denkgewohnheiten zu verändern. Mit dieser Selbstkontrolle wirst Du vielleicht zum großen Kellner-Versteher, aber Deinen Ärger unterdrückst Du trotzdem.

Wenn Du dagegen im Augenblick eines Ärgernisses bewusst bleiben willst, dann schau genau hin, was der Ärger mit Dir anfängt. Widme Dich ganz diesem Gefühl und fühle es bis zur Neige. Dann verschwindet es aus Dir. Diese Technik ist einfach ... und doch schwierig, weil unser Ego das Zepter schwingen will. Aber vergiss nicht: Übung macht den Meister.

Bei dieser Meditationstechnik geht es aber auch um Glücksgefühle. Wenn Du Dich über irgendetwas freust, dann fühle diese Freude, bis sie sich in Dir auflöst. Das Paradox dabei ist, dass Dir positive Emotionen auf diese Weise erhalten bleiben, während die negativen einfach verschwinden.

Hier ein Tipp: Es ist hilfreich, wenn Du eine kleine Übungsgruppe kreierst. Finde heraus, wer in Deinem Freundes- und Bekanntenkreis Interesse hat, sich aus seinem emotionalen Gefängnis zu befreien. Gemeinsam lassen sich bessere Fortschritte erzielen, als alleine. Trefft Euch regelmäßig und sprecht über Eure Erfahrungen.

Angst

Wenn der Mensch in Situationen gerät, in denen er sich körperlich, geistig oder seelisch bedroht fühlt, packt ihn die Angst. Rainer Werner Fassbinders Melodram „Angst essen Seele auf" beschreibt treffend, welche Macht die Angst über uns hat. In diesem Film verlieben sich die 60-jährige Witwe Emmi und der marokkanische Gastarbeiter Ali ineinander. Als sie heiraten, beginnen ihre sozialen Probleme.

Es gibt viele Sprichwörter zur Angst: Sie schnürt uns die Kehle zu, lähmt unsere Kräfte, lässt uns in die Hosen machen, in Schweiß ausbrechen, tausend Tode sterben, weiche Knie kriegen, Gespenster sehen oder den Teufel an die Wand malen. Mit einem Wort: Angst blockiert unsere Energie.

Nachstehend die Parabel eines Menschen, der sogar in einer bedrohlichen Situation völlig gelassen blieb: Ein Samurai besuchte einmal einen Meister und wurde wütend, weil dieser nur still da saß und ihn nicht weiter beachtete. Da sagte der Samurai: „Weißt Du nicht, wer hier vor Dir steht? Ich könnte Dir mit meinem Schwert den Kopf abschlagen, ohne mit der Wimper zu zucken!" Daraufhin entgegnete der Meister: „Weißt Du nicht, wer hier vor Dir sitzt? Ich könnte mir den Kopf abschlagen lassen, ohne mit der Wimper zu zucken!"

Als Kind wusste ich natürlich nicht, dass man die Angst auf eine Art und Weise annehmen kann, dass sie einem keine Angst mehr macht. Ich hatte immer große

Angst vor dem Alleinsein und verfiel jedes Mal in Panik, wenn meine Eltern abends ausgingen. Wir lebten damals in einer Wohnung, in deren vorderem Teil der Textilgroßhandel meines Vaters untergebracht war.

Als ich wieder einmal alleine zu Hause war, konnte ich vor Furcht nicht einschlafen. Plötzlich hörte ich Geräusche, die aus dem Bereich der Geschäftsräume kamen. Mein Herz begann sofort wie wild zu pochen, weil ich Angst hatte, dass jemand eingebrochen war und mich finden könnte. Ich holte mir unseren Telefonapparat unter die Decke und wählte blindlings eine Nummer. Als sich ein Mann meldete, flehte ich ihn an, die Polizei an unsere Adresse zu schicken. Als meine Eltern nach Hause kamen, stand eine Funkstreife mit eingeschaltetem Blaulicht vor dem Haus. Doch alle Aufregung war umsonst, es gab weder einen Einbrecher noch einen Mörder. Meine Einbildung hatte mir einen Streich gespielt.

Sigmund Freud unterschied zwischen drei Arten von Ängsten:

1. Die Realangst
2. Die neurotische Angst
3. Die moralische Angst

Die Realangst
Wie der Begriff schon sagt, handelt es sich hier um Ängste, die reale Anlässe haben. Als ich ungefähr 10 Jahre alt war, verbrachte ich meinen Sommerurlaub mit meinen Eltern an der italienischen Riviera. Eines Tages flog ein zweimotoriges Flugzeug über den

Strand und warf kleine Werbeartikel herunter. An diesem Tag herrschten böige Winde und die herrlichen Sachen wurden aufs offene Meer hinausgeweht. Ohne zu überlegen sprang ich ins Wasser und schwamm hinterher. Nach einer Weile stellte ich erschrocken fest, dass ich mich ziemlich weit vom Ufer entfernt hatte. Als ich zurückschwimmen wollte, fühlte ich einen starken Sog, der mich ins offene Meer rauszog. Mit einem Mal wurde mir bewusst, wie klein ich war und wie groß das Meer. Schreckliche Gedanken jagten mir durch den Kopf und Panik ergriff mich. Ich drohte zu ertrinken. Als meine Kräfte erlahmten, entdeckte ich in der aufgewühlten See einen kleinen Reklame-Schwimmreifen, der vom Flugzeug stammte. Adrenalin schoss mir ins Blut und gab mir neue Kräfte. Ich schwamm auf den Reifen zu, und als ich ihn zu fassen bekam, war ich gerettet. Plötzlich war auch die Strömung weg und ich schaffte es leicht bis zum Strand. Aus Angst, nicht mehr schwimmen gehen zu dürfen, behielt ich das Erlebnis natürlich für mich.

Die neurotische Angst
Die Ursache der neurotischen Angst liegt darin, dass wir, ohne es zu merken, verdrängte, unangenehme oder schmerzhafte Erinnerungen der Vergangenheit auf gegenwärtige Situationen projizieren. Das hat zur Folge, dass wir uns in bestimmten Situationen immer wieder gleich verhalten.

Kurz bevor ich eingeschult wurde, nahm mich mein Vater mit zu einem seiner Geschäftstermine. Er hatte etwas mit dem Einkäufer eines Kaufhauses zu besprechen. Ich sollte inzwischen in der Sportabteilung warten, wo mich mein Vater mit dem

Verkäufer bekannt machte. Als sich herausstellte, dass dieser Verkäufer niemand anderes war, als *der* Fußballstar des VFB Bielefeld, war ich hin und weg. Ich blickte mein Idol voller Bewunderung an und als er mich fragte, ob ich nicht am Training der Jüngsten teilnehmen wollte, brachte ich vor Stolz keinen Ton heraus. Noch am gleichen Tag verkündete ich die tolle Nachricht überall in unserer Nachbarschaft. Doch eine unbewusste Angst hielt mich davon ab, das Vorhaben in die Tat umzusetzen. Ich wollte zwar unbedingt hin, verschob die Sache jedoch ständig, weil ich mich nicht traute, hinzugehen. Mein Mangel an Selbstbewusstsein hat mich auch später oft abgehalten, Dinge zu tun, die ich gern getan hätte.

Die moralische Angst

Eines Tages stieg ein Fahrgast in mein Taxi ein und wollte zum Hauptbahnhof gefahren werden. Nach einer Weile überholte uns plötzlich rechts ein Wagen und bog mit quietschenden Reifen vor uns links ab. Mein Fahrgast fuhr hoch und rief erbost aus: „Ist wohl besoffen, die Drecksau." Nach einer Weile fragte ich ihn, warum er so ausfallend reagiert hatte. Er zuckte zusammen und behauptete: „Ich bin niemals ausfallend." „Aber Sie waren doch gerade wütend", stellte ich erstaunt fest. Da wies er mich darauf hin, dass er die Ruhe in Person sei und niemals wütend werde. Ich schaute ihn verdutzt an. Da ich trotz weiterer Beteuerungen skeptisch blieb, verlor er schließlich die Beherrschung und schrie mich an, dass ich ein Scheißtaxifahrer sei. Als er sich ein wenig beruhigt hatte, eröffnete er mir, dass er mit seiner Ausgeglichenheit alles geschafft habe in seinem Leben. Er sei Professor der Philosophie und reise jetzt nach Tübingen, um an der Universität einen Vortrag über innere Ruhe und Ausgeglichenheit zu halten. Ich war perplex und schwieg. Nachdem wir am Hauptbahnhof angekommen waren und ich ihm seine Gepäckstücke übergeben hatte, hielt er mich am Ärmel fest und hielt mir eine Standpauke über das richtige Verhalten eines Taxifahrers. Offensichtlich fühlte er sich schuldig. Hätte ich nicht wegen der nachrückenden Taxis losfahren müssen, ständen wir vermutlich heute noch dort.

Um unsere Ängste zu bekämpfen, wurden neben der medikamentösen Behandlung verschiedene Therapien entwickelt. Meistens geht es darum, die Angst durch mentale Techniken oder Entspannungsübungen zu überwinden.

Nehmen wir z.B. die Flugangst. Es gibt 2-tägige Seminare, die den Passagieren helfen sollen, ihre Ängste loszuwerden. Mit Hilfe von Psychologen wird dabei jeder Flugabschnitt genau durchgesprochen. Dabei werden den Teilnehmern die verschiedenen Flugzeuggeräusche von Tonbandgeräten vorgespielt. Während der einzelnen Phasen sollen sich die Seminarteilnehmer bewusst anspannen, indem sie den Atem anhalten. Dann folgt die Entspannung, indem sie ihren Atem hörbar rauslassen. Gespräche mit der Crew und ein Besuch im Cockpit runden das Flugangstseminar ab. In einem abschließenden Trainingsflug soll das Erlernte dann angewendet werden.

Solange sich die Seminarteilnehmer auf sicherem Terrain bewegen, ist die Welt in Ordnung. Auch der

Trainingsflug wird noch relativ gelassen hingenommen. Doch kaum steht der nächste Flugtermin an, bricht der alte Angstschweiß wieder aus. So jedenfalls beschreiben ehemalige Seminarteilnehmer ihre Erfahrungen.

Angst kann mit keiner Methode ausgeschaltet werden. Die einfachste Art mit ihr umzugehen, ist, sie bewusst zuzulassen. Wenn Angst in Dir auftaucht, dann nimm sie mit vollem Herzen an. Fühle sie und warte ab, bis Du mit ihr verschmilzt. Dann ist sie weg. Wenn ich diese Technik nur als Jugendlicher gekannt hätte.

Wenn man z.B. bei einem Spaziergang plötzlich von einem großen Hund bedroht wird, dann kann man nicht einfach weglaufen. Man fürchtet sich, dass der Hund schneller ist und zuschnappen wird. Warum nicht die Gelegenheit nutzen und sich der Angst stellen? Wer die Angst annimmt, entspannt binnen von Sekunden. Das wird sogar den Hund beeindrucken.

Der Geschirrspüler ist kaputt. Deshalb ruft Frau Müller einen Klempner an, der schon am nächsten Vormittag kommen will. Da sie zu dieser Zeit aber einen wichtigen Termin hat, sagt sie zu ihm: „Ich lasse den Schlüssel unter dem Fußabtreter vor der Haustür liegen. Reparieren Sie den Geschirrspüler und legen Sie die Rechnung auf den Küchentisch. Übrigens brauchen Sie keine Angst vor dem Hund zu haben, der tut Ihnen nichts. Aber auf gar keinen Fall dürfen Sie auch nur ein einziges Wort zu meinem Papagei sagen.

Am nächsten Tag betritt der Klempner die Wohnung und findet einen riesigen und furchterregenden Hund vor. Doch wie angekündigt ist der ganz friedlich und beobachtet ihn ruhig bei seiner Arbeit. Der Papagei dagegen bewirft ihn die ganze Zeit mit Nüssen und schreit und beschimpft ihn mit schlimmen Ausdrücken. Schließlich wird es dem Klempner zu bunt und er brüllt: „Halts Maul Du blöder hässlicher Vogel!" Da ruft der Papagei: „Fass Hasso!"

Schuldgefühle

Schuldgefühle entstehen, wenn wir Angst haben, Fehler gemacht zu haben. Z. B. wenn wir uns dafür verurteilen, unsere Pflichten vernachlässigt, gegen Normen oder Verbote verstoßen, eine Verabredung nicht eingehalten oder jemanden zu Unrecht beschuldigt haben. Die kognitive (verstandesmäßige) Verhaltenstherapie empfiehlt, dass wir unsere Selbstbewertungen und Schlussfolgerungen diesbezüglich überprüfen und korrigieren sollen.

Ich erinnere mich an den Anschlag auf die israelische Olympiamannschaft während der Olympiade 1972 in München. Vor einiger Zeit habe ich in einer Zeitung gelesen, dass einer der Überlebenden immer noch Schuldgefühle hat.

Er berichtete, dass er Sportschütze war und seine Kleinkaliberwaffe mit in die Mannschaftsunterkunft genommen hatte, um sie zu reinigen. Mit dieser Waffe stand er hinter einem Vorhang, als er plötzlich einen der Terroristen entdeckte. Lt. seiner Beschreibung hatte er überlegt, ihn anzugreifen. Aber er wusste nicht, wie viele Terroristen es waren und was sie vorhatten. Er hatte Angst, dass die Situation eskalieren könnte, wenn er schießen würde. Bereits seit 40 Jahren lebte er mit dem Schuldgefühl, sich möglicherweise falsch verhalten zu haben. Er machte sich zum Vorwurf, dass vielleicht mehr seiner Kameraden überlebt hätten, wenn er den Terroristen angegriffen hätte.

Falls dieser Sportschütze Hilfe bei einem Psychotherapeuten gesucht hat, dann hat dieser das Problem höchstwahrscheinlich folgendermaßen beurteilt: „Du hast Schuldgefühle, weil Du Dein Verhalten falsch bewertest. Um Dein Schuldgefühl loszuwerden, musst Du Deine Schlussfolgerung ändern. Das geschieht, indem Du sie gegen eine neue ersetzt. Anschließend musst Du diese neue Beurteilung so lange einüben, bis sie anstelle des alten Denkmusters getreten ist." Das klingt nicht schlecht oder? Hat in der Praxis jedoch wenig Aussicht auf Erfolg. Denn man kann sich nicht selbst überreden, anders zu denken. Die Lösung des Problems kann nur darin liegen, das zu akzeptieren, was geschehen ist. Also gilt es, auch das Schuldgefühl anzunehmen.

Einmal war ich in Kitzbühel beim Skifahren. In einer Hoteltoilette fand ich einen Geldbeutel mit etwa 120,00 DM (ca. 60 €). Gierig steckte ich mir das Geld ein und ließ den Geldbeutel liegen. Am Abend ging ich ins Spielcasino und verspielte den Betrag innerhalb von zehn Minuten beim Roulette. Anschließend bekam ich ein schlechtes Gewissen. Ich stellte mir vor, dass es sich um die Urlaubskasse eines jungen Menschen gehandelt hatte. Da mir meine Unterschlagung immerzu im Kopf herumging, spendete ich die Summe später an ein soziales Hilfsprojekt. Doch meine Schuldgefühle verschwanden erst Jahrzehnte später, als ich sie bewusst annahm und auflöste.

Wir projizieren unsere Schuldgefühle auch gerne auf andere Menschen. Damit versuchen wir, die Schuld von uns abzuwälzen. Der Begriff „Sündenbock" kommt aus der Bibel. Am jüdischen Versöhnungstag machte der Hohepriester die Sünden des Volkes Israel bekannt und übertrug sie anschließend symbolisch auf einen Ziegenbock. Dann wurde das unschuldige Tier in die Wüste gejagt und die naiven Leute glaubten nun, dass sie von ihren Sünden befreit seien.

Es gibt eine intelligentere Möglichkeit, das Problem zu meistern: Wenn hartnäckige Schuldgefühle immer wieder auftauchen, würde ich allen Betroffenen raten, den Kopf endlich zu entspannen und ihre volle Aufmerksamkeit auf diese Emotionen zu richten. Aus dem einfachen Grund, um sie zu fühlen. Und zwar so lange, bis sie mit ihnen verschmelzen. Mit der Zeit wird das entsprechende Schuldgefühl dauerhaft verschwinden. Denn das ist das Paradox: Wir können nur das loslassen, was wir wirklich annehmen.

Scham

Lt. biblischer Überlieferung entstand die Scham, als Adam und Eva vom Baum der Erkenntnis gegessen und sich in ihrer Nacktheit erkannt hatten. Die Schöpfungsgeschichte ist natürlich nur eine Metapher. Denn dass Gott die Welt lt. jüdischem Kalender im Jahr 3761 v. Chr. erschaffen haben soll, ist angesichts aller wissenschaftlicher Belege ein Witz. Der Homo sapiens ist in Wirklichkeit rund 200.000 Jahre alt und der Urknall ereignete sich nach dem kosmischen Standardmodell vor etwa 13,8 Milliarden Jahren.

Die Psychotherapie hat sich erst in jüngerer Zeit mit der Scham befasst. Sie definiert sie nicht als Krankheit, sondern als Reaktion auf ein Erlebnis, das erst beim Überschreiten eines bestimmten Ausmaßes, den Charakter einer Krankheit annimmt.

Einer meiner Schullehrer sah dem früheren Schauspieler Willy Birgel ähnlich. Daher konnte ich ihn gut leiden. Eines Sommers standen unsere Klassenzimmertüren wegen einer Hitzewelle offen. Über den Flur drang aus einer anderen Klasse gedämpftes Gemurmel zu uns herüber und wir waren schläfriger Stimmung. Plötzlich schreckten wir hoch, weil der Direktor, der die Klasse nebenan unterrichtete, zum Schreien angefangen hatte. Woraufhin ich trocken bemerkte: „Was gibt's denn da so zu schreien?" Die Klasse lachte, doch der besagte Willy Birgel schaute mich an und sagte: „Da gehst Du jetzt mal rüber und fragst ihn selbst." Ich glaubte an einen Witz, doch der Mann meinte es ernst. Die Angst packte mich und ich warf ein: „Das können Sie doch nicht machen!" Er entgegnete jedoch: „Doch, Du gehst jetzt rüber und fragst!"

Unsere Schule war eine private Handelsschule und der Schuldirektor ein Erzieher vom alten Schlag. Es legte äußersten Wert auf ordentliches und gepflegtes Aussehen. Sporadisch ließ er die gesamte Schülerschaft auf dem Schulhof antreten und kontrollierte Fingernägel und Kleidung. Jeder, der nicht seinen Vorschriften entsprach, musste heraustreten und sich auf die Seite stellen. Anschließend stauchte er die Flegel vor der ganzen Schule zusammen.

Ich betrat also mit schlotternden Knien sein Klassenzimmer und erblickte sein vor Wut errötetes Gesicht. Während mich sein durchdringender Blick unter seinen buschigen Augenbrauen fixierte, sagte ich: „Ich soll Sie fragen, was es hier so zu schreien gibt?" Einen Augenblick lang starrte er mich sprachlos an und brüllte dann voller Wut los: „Was erlaubst Du Dir eigentlich?" Ich stand hilflos vor ihm und wurde immer kleiner. Dann stieß er mit donnernder Stimme auf mich hernieder: „Du, Du .... Schießbudenfigur." Peng, das saß und geknickt schlich ich in mein Klassenzimmer zurück. Als ich mich auf meinen Platz setzte, schämte ich mich entsetzlich. Den Willy Birgel allerdings würdigte ich für den Rest des Schuljahres keines Blickes mehr. Auf diese Weise zeigte ich ihm meine Verachtung, denn ich fühlte mich von ihm verraten.

Um die Scham zu überwinden, kreisen in Ratgebern und im Internet viele Tipps. Die Autoren erklären übereinstimmend, dass man die Scham irgendwie aushalten soll. Was ist das denn für ein Tipp? Das versuchen die meisten Menschen doch sowieso ziemlich erfolglos. Wenn man die Scham nicht bewusst annimmt und eins mit ihr wird, kann man sie nur verdrängen.

Die Scham spielt auch auf der kollektiven Ebene eine Rolle. So bin ich der Meinung, dass viele deutsche Menschen immer noch gemischte Gefühle haben, wenn es um die Verbrechen der Nazis geht. Die Nachkriegsgenerationen wurden zwar umfassend über das planmäßige Morden der Hitler Regierung informiert, doch mehr als ein Betroffenheitsautomatismus hat sich nicht ergeben. Das liegt daran, dass der Holocaust emotional nie verarbeitet wurde.

Von Schülern, die ein KZ besuchten, fand ich im Internet folgende Aussagen:

„Jetzt habe ich einen authentischen Eindruck, wie es damals wirklich war."

„Bei der Besichtigung des Lagers habe ich mich ganz seltsam gefühlt."

„Natürlich war es einerseits interessant, sich alles anschauen zu können. Lehrreicher als auf Bildern und in Filmen, andererseits war es aber auch unglaublich bedrückend."

„Ich fand es in den Räumen der Baracken sehr beklemmend, irgendwie unangenehm.

„Schon von Weitem, als man den Eingang sah, hatte man ein ganz ungutes Gefühl. Man spürte quasi eine Art negativer Energie. Ich bin kurz in einen Raum hinein gegangen, der der Folter diente. Es war eng, kalt und einfach nur Furcht einflößend. Schlimm fand ich den Anblick der Verbrennungsöfen. Da war ich dann den Tränen nahe."

Nach der Besichtigung saßen die Schüler sicherlich betroffen in ihren Bussen und reflektierten die schrecklichen Bilder in ihren Köpfen. Auf diese Weise versuchten sie, ihre Gefühle von Entsetzen und Scham gedanklich zu bewältigen. Eine solche Bewältigung reicht aber nicht aus. So lange man die Gräueltaten der Nazis nicht auf der emotionalen Ebene auflöst, kann man sich nicht wirklich davon freimachen. Im Ergebnis zeigt sich eine weitverbreitete Befangenheit, die immer dann auftritt, wenn es um die Palästinapolitik des Staates Israel geht. Niemand ist sich sicher, wo Kritik aufhört und Antisemitismus anfängt.

Wenn die Deutschen ihre Unsicherheit gegenüber den Juden ein für alle Mal loswerden wollen, dann müssen sie sich dem Gefühl stellen, das alleine schon das Wort „Jude" in ihnen auslöst. Dann gilt es, diese Emotion anzunehmen und mit ihr zu verschmelzen. Das ist der Sinn dieser Meditationstechnik und auf diese Weise kann man sich von seiner Verlegenheit gegenüber den Juden endlich frei machen.

Zum Antisemitismus habe ich übrigens ein Buch mit dem Titel: „Neues vom Antisemitismus" geschrieben. Ich begann mich mit dem Thema zu beschäftigen, nachdem ich festgestellt hatte, dass überhaupt niemand wusste, warum es den Judenhass eigentlich gab.

Die Scham ist ein ganz alltägliches Gefühl. Wir kommen oft mit ihr in Berührung, doch meistens überspielen wir sie. Als ich noch auf der Suche nach dem Glück war, übte ich eine Zeit lang das Gehen mit geschlossenen Augen. Ich wollte damit mit meiner Ängstlichkeit in Kontakt kommen. In einem Park fand ich eine große Rasenfläche ohne Bäume und Büsche. Dann schloss ich die Augen und marschierte los. Obwohl ich wusste, dass kein Hindernis im Weg stand, überkam mich nach einer Weile stets ein Gefühl von Unsicherheit. Dann ging ich noch ein paar Schritte weiter, bis ich dieses Gefühl nicht mehr aushalten konnte. Es kam, wie es kommen musste: Eines Tages stolperte ich über eine Wurzel und fiel der Länge nach hin. Es tat weh und ich schaute mich schnell um, ob mich jemand gesehen hatte. Und tatsächlich, neugierig guckte eine hübsche Joggerin zu mir rüber, die ich hier schon öfters beim Laufen gesehen hatte. Ich schämte mich für mein Missgeschick, doch ließ ich diesem Gefühl keinen Raum. Stattdessen lachte ich und schaute dann schnell weg.

Aus welchen Gründen Du Scham empfindest und ob sie sich auf der persönlichen oder kollektiven Ebene abspielt, ist völlig egal. Wofür auch immer Du Dich schämst, überspiele oder verdränge Deine Scham nicht. Gestehe Dir zu, dass Du sie empfindest und nehme sie an. Dann fühle sie, bis sie aus Deinem System verschwindet. Einfacher geht´s nicht.

Trauer

Wir empfinden eine große Trauer, wenn wir einen Menschen verloren haben, das uns sehr nahestand. Trauer ist ein tiefer Schmerz, der aus einer Mischung von Traurigkeit und Sehnsucht besteht. Traurigkeit, weil wir nicht begreifen, dass dieser Mensch nicht mehr wiederkommt. Sehnsucht, weil wir ihn vermissen. Jeder Gedanke an die/den Verflossene/n verstärkt unseren inneren Schmerz.

Die größte Trauer in meinem bisherigen Leben hatte ich um meinen geliebten Hund Pancho. Er war 1999 in Malaga als Straßenhund geboren und von einer Tierorganisation vor der dort üblichen Gaskammer gerettet worden. Dann kam er nach München, wo er an ein Ehepaar vermittelt wurde. Sein neues Herrchen wurde jedoch bald krank und musste mehrmals ins Krankenhaus. Daher wurde ein neues Heim für den kleinen Vierbeiner gesucht.

In dieser Zeit durchforschte ich Zeitungsinserate nach einem Hund. So stieß ich auf Pancho. Ich erhielt zunächst Fotos von ihm und er gefiel mir auf Anhieb. Als Kavito und ich ihn abholten, stand er bei seinem Herrchen oben im Treppenhaus und schaute zu uns herunter. Als wir uns in die Augen blickten, verliebte ich mich spontan in ihn. Fortan war er mein Hund.

Am Anfang hatte Pancho Angst vor Kavito. Wir schlossen daraus, dass er von der Frau seines ersten Herrchens, während dieser im Krankenhaus lag, nicht gut behandelt wurde. Aber Kavito liebte Pancho und langsam begriff er, dass von ihr keine Gefahr ausging.

Es dauerte eine Zeit lang, dann war er auch Kavito herzlich zugetan.

Nachdem wir viele schöne Jahre miteinander verbracht hatten, bekam Pancho am 26. März 2015 plötzlich epileptische Anfälle und schwere Gleichgewichtsstörungen. Wir fuhren früh morgens in eine Tierklinik, wo man ihm leider nicht helfen konnte. Anschließend suchten wir unseren Tierarzt auf, doch auch der zuckte nur mit den Schultern. Als Diagnose tippte er auf ein Organleiden, Hirnkrebs oder ein geplatztes Blutgefäß im Kopf. Für nähere Untersuchungen war Pancho aber einfach zu alt. Nun konnte er nicht mehr Gassi gehen, weil er einen starken Rechtsdrall hatte und nach wenigen Schritten umkippte. Wir gaben ihm Valium, um seine Not zu lindern. Doch da sich sein Zustand nicht besserte und wir ihn nicht weiter quälen wollten, ließen wir ihn einschläfern

An diesem Tag und auch an den beiden folgenden Tagen war ich in tiefer Trauer und musste viel weinen. Pancho war mir ein treuer Freund gewesen. Auf unseren häufigen Spaziergängen war er immer ganz wild darauf, dass ich ihm Stöckchen warf. Manchmal habe ich mit ihm auch Fußball gespielt. Er hat begeistert mitgemacht und war ein hervorragender Torwart. Wenn ich abends ein Buch las oder Fernsehen guckte, dann lag er mir zu Füßen oder sprang auf die Couch und legte seinen Kopf auf meinen Schoß. Das fühlte sich dann jedes Mal toll an. Nie haben wir ihn irgendwo abgegeben. Wenn wir in Urlaub fuhren, dann wohnten wir nur in Hotels, die hundefreundlich waren. Und nun war er nicht mehr da und ich vermisste ihn schmerzlich.

Nachdem ich drei Tage getrauert hatte, bemerkte ich, dass sich eine gewisse Mechanik in meine Trauer schlich. Als mir diese Automatik bewusst wurde, beschloss ich, von Pancho loszulassen. In den nächsten Tagen dachte ich daher nur noch an lustige Begebenheiten, die ich mit ihm hatte. Das brachte mich zum Lachen und ich freute mich, dass wir so viel gute Zeit miteinander hatten.

Natürlich müssen wir uns Zeit für die Trauer nehmen. Doch wer sich in der Trauer verliert, der tut sich keinen Gefallen. Ich habe von Menschen gehört, die nie wieder aufgehört haben, um einen geliebten Menschen zu trauern. Ein Weisheitslehrer schrieb einmal, dass emotionaler Schmerz die Eigenschaft hat, sich in uns zu einem negativen Energiefeld zu verdichten. Er nannte dieses Energiefeld „Schmerzkörper". Dieser Schmerzkörper ist eine Art Wesen, das süchtig nach emotionalem Schmerz ist. Es liegt auf der Hand, dass wir dieses Wesen nicht fortwährend füttern sollten. Wenn Du also den Tod eines Menschen oder Tieres betrauerst, dann liegt es alleine bei Dir, wann Du damit aufhörst und wieder zu lachen beginnst. Begreife den Tod also nicht als schmerzlichen Verlust, sondern als Chance, von allem loszulassen. Das ist die vielleicht wichtigste Lektion in unserem Leben.

Gier

Die Gier ist ein heftiges Verlangen, das sich auf die Erfüllung von Wünschen richtet. Doch selbst wenn unsere Wünsche wahr werden, erfüllen sie uns höchstens vorübergehend. Daher haben wir ständig neue Wünsche. Offiziell wird die Gier von der Gesellschaft abgelehnt, weil sie als negativ eingestuft wird. Hinter unserer Fassade aber sind wir alle gierig und sehr bemüht, diese Tatsache zu verschleiern.

Schau Dir z.B. die 21 Millionen Lottospieler an, die in Deutschland Woche für Woche ihre Lottoscheine ausfüllen. Wollte man ihnen Gier unterstellen, würden sie mit Empörung reagieren. Dabei ist es das pure Verlangen, das sie in ihrer Fantasie ausmalen lässt, was sie alles mit ihren Gewinnen anfangen wollen.

Als Alexander der Große vor seinen Feldzügen von Diogenes hörte, der in einem Fass wohnte, suchte er ihn auf und fragte ihn, was es mit dem Glück auf sich habe. Da antwortete der Weise mit einer Gegenfrage: „Was sind Deine Pläne?" Der König antwortete: „Ich ziehe nach Osten und werde Persien erobern." Der Weise ließ nicht locker: „Und wenn das getan ist, was wirst Du dann tun?" „Dann werde ich nach Palästina gehen und mir die Israeliten Untertan machen." „Und dann?" „Dann falle ich über Ägypten her." „Und dann?" „Dann werde ich mich entspannen und glücklich sein." Da lachte Diogenes und fragte: „Kannst Du nicht jetzt gleich entspannen und glücklich sein?"

Die Gier versteckt sich hinter tausend verschiedenen Masken. Eine ihrer Formen ist der Geiz. Ich kannte in meiner Kindheit einen reichen Mann, den ich in den 1960er Jahren zufällig in München wiedersah. Ich erkannte ihn und sprach ihn an. Sein Erstaunen war groß und er lud mich spontan auf eine Tasse Kaffee ein. Das wiederum erstaunte mich, denn sein Ruf als Geizhals war mir in Erinnerung geblieben. Noch erstaunter war ich, als er unsere Rechnung übernahm. Als wir uns voneinander verabschiedeten, steckte er allerdings die Zuckertütchen ein, die auf den Tischen des Caféhauses bereitlagen.

Eine andere Erscheinungsform der Gier ist der Ehrgeiz. Darunter versteht man das Streben nach Leistung und Erfolg. Doch kaum einem ist bewusst, dass sich auch hinter diesem als positiv geltendem Verlangen eine gewisse Gier nach Anerkennung und Macht versteckt.

US-amerikanische Forscher stellten in einer Studie aufgrund von sieben Experimenten im Fachmagazin „Proceedings of the National Academy of Sciences" fest, dass sich arme Menschen mehr an ethische Prinzipien und Gesetze halten, als wohlhabende Menschen. Diese lügen und betrügen mehr. Im Fazit wird reichen Menschen ein positiveres Verhältnis zur Gier bescheinigt.

Im Zuge dieser Experimente wurden sozial schlechter gestellte Menschen von Forschern aufgefordert, drei Vorteile der Gier aufzulisten. Damit sollte ihre Bereitschaft geweckt werden, die Gier ebenfalls positiver zu bewerten. Tatsächlich äußerten sich die

90

Probanden anschließend deutlich eigennütziger, als in den vorhergehenden Experimenten. Die Studie urteilte: „Das Ergebnis lässt vermuten, dass sich Individuen höherer und niedrigerer Schichten nicht in ihrer Fähigkeit unterscheiden, sich unethisch zu benehmen, sondern vielmehr in ihrer Tendenz, dies auch zu tun."

Der Sophist Kallikles, ein Zeitgenosse von Sokrates, hielt die Pleonexie für die beste Strategie, um glücklich zu werden. Pleonexie kommt aus dem Griechischen und bedeutet „Mehr-Haben-Wollen." Kallikles behauptete: „Wer gut leben will, der muss seine Gier so groß wie möglich werden lassen. Wenn sie dann richtig groß ist, muss er fähig sein, sie zu befriedigen, worauf sie sich auch richten mag." Ich halte das für einen Quatsch. Denn folgt man dieser Argumentation, dann müssten Tyrannen zu den glücklichsten Menschen der Welt gehören.

Im Buddhismus gilt die Gier als eines der drei Geistesgifte. Definiert wird sie nicht nur als Verlangen nach Vergnügen, Reichtum und Macht, sondern auch als Anhaften an Wünsche, Vorstellungen, Meinungen, Ansichten, Lehren, Glaubensinhalten usw. Symbolisiert wird sie durch den Hahn. Dieser steht im Buddhismus für Maßlosigkeit, Geltungssucht, Kampfes- und Streitlust.

Ein Investmentbanker stand in einem kleinen mexikanischen Fischerdorf am Pier und beobachtete, wie ein kleines Fischerboot mit riesigen Thunfischen beladen anlegte. Der Banker gratulierte dem Fischer zu seinem prächtigen Fang und fragte, wie lange er dazu gebraucht hätte. Der Mexikaner antwortete: „Nicht lange, ein paar Stunden nur." Daraufhin fragte der Banker, warum er nicht länger auf See geblieben wäre, um noch mehr Fische zu fangen? Der Mexikaner erwiderte, dass die Fische reichen, um seine Familie für die nächsten Tage zu versorgen. Der Banker wollte nun wissen: „Und was tun Sie, wenn Sie nicht arbeiten?" Der mexikanische Fischer erklärte: „Dann schlafe ich morgens aus, gehe ein bisschen fischen, spiele mit meinen Kindern, mache nach dem Mittagessen eine Siesta mit meiner Frau Maria, gehe dann im Dorf spazieren, trinke ein Gläschen Wein und spiele Gitarre mit meinen Freunden."

Der Banker erklärte: „Ich bin ein Harvard Absolvent und könnte Ihnen ein bisschen helfen. Sie sollten mehr Zeit beim Fischen verbringen und von dem Erlös ein größeres Boot kaufen. Mit dem Gewinn wiederum könnten Sie mehrere Boote kaufen, bis Sie eine ganz Flotte haben. Statt den Fang an einen Händler zu verkaufen, könnten Sie ihn selbst dem Endverbraucher anbieten und schließlich eine eigene Fischverarbeitungsfabrik eröffnen. Dann könnten Sie dieses kleine Fischerdorf verlassen und nach Mexiko City oder Los Angeles oder vielleicht sogar nach New York City umziehen, von wo aus Sie Ihr florierendes Unternehmen leiten."

Der Mexikaner fragte: „Und wie lange würde dies alles dauern?" Der Banker antwortete: „So etwa 15 bis 20 Jahre." Der Mexikaner fragte: „Und was dann?" Der Banker lachte und sagte: „Dann kommt das Beste. Dann könnten Sie mit Ihrem Unternehmen an die

Börse gehen und Millionen scheffeln. Der Mexikaner fragte: „Und dann?" Der Banker sagte: „Dann könnten Sie Ihre Unternehmensanteile verkaufen und aufhören zu arbeiten. Sie könnten in ein kleines Fischerdorf an die Küste ziehen, morgens ausschlafen, ein bisschen fischen gehen, mit Ihren Kindern spielen, eine Siesta mit Ihrer Frau machen, im Dorf spazieren gehen, am Abend ein Gläschen Wein genießen und mit Ihren Freunden Gitarre spielen."

Die Gier ist ein Geistesgift, weil sie nie befriedigt wird. Sie entsteht immer wieder aufs Neue und führt schließlich zur Sucht. Diese Tatsache lässt sich leicht am übermäßigen Verlangen nach Geld, Macht, Essen, Alkohol und/oder Tabletten erkennen.

Im Grunde genommen will die Gier die innere Leere füllen. Doch das ist ein vollkommener Widerspruch. Denn die innere Leere ist göttlich und angefüllt mit Liebe und Glückseligkeit. Die Unwissenheit über diese Tatsache gilt im Buddhismus als das größte Geistesgift.

Ärger

Ärger ist eine spontane, innere Reaktion auf eine Situation oder Erinnerung, die der Verärgerte nur schwer ertragen kann. Die psychologische Ratgeberliteratur hat viele Tipps parat, wie man mit Ärger umgehen soll. Einer dieser Psycho-Tipps lautet: „Ärger lohnt sich nicht!" Was aber soll man nur mit diesem Tipp anfangen, wenn man sich z.B. ungerecht behandelt fühlt? Dann übermannt einen der Ärger, ob man will oder nicht.

Ein anderer Ratschlag lautet: „Nimm es mit Humor!" Diesen Tipp finde ich gut. Allerdings erfordert er eine gewisse Schlagfertigkeit. Dazu muss man eine Reihe von spontanen Antworten bereithalten. Ich habe mit dieser Methode vor vielen Jahren eine Zeit lang experimentiert und kann bestätigen, dass ich die Lacher auf meiner Seite hatte. Der Nachteil jedoch war, dass mir die dauernde Suche nach einer lustigen Antwort irgendwann auf die Nerven ging.

Die Verhaltenspsychologie hat eine andere Idee. Sie empfiehlt, den Gedanken zu suchen, der den Ärger ausgelöst hat. Wenn Du z. B. empört denkst: „Der hat doch kein Recht, so etwas zu behaupten!", dann sollst Du diesen Gedankengang korrigieren. Stattdessen könntest Du beispielsweise denken: „Der hat alles Recht zu behaupten, was er will, die Wahrheit hat er jedoch nicht gepachtet!" In der Praxis sähe das dann so aus, dass Du jedes Mal, wenn Du Dich ärgerst, nach Gedankenkorrekturen suchen musst. Das ist jedoch schwachsinnig, weil man den Ärger auf diese Weise nur verdrängt.

Da die Gedankenkorrektur-Strategie in der Regel nicht hinhaut, bauen die Psychologen vor und empfehlen, die negativen Auswirkungen des Ärgers zusätzlich mit Sport, Kreativität und/oder Entspannungsverfahren, wie z.B. autogenes Training, progressive Muskelentspannung, Hypnose, Biofeedback, Yoga, Meditation oder Qigong zu bekämpfen. Ich frage mich, warum man für diese Ratschläge sein Geld für Psychologen ausgeben muss?

Da ich nicht weiß, wie das mit Persönlichkeitsrechten so ist, lasse ich bei der folgenden Geschichte die Namen der Beteiligten weg. Vor ein paar Jahren ärgerte sich einmal ein ehemaliger Fußballtorwart so sehr über seinen noch aktiven Torwart, dass er ihn auf Schmerzensgeld verklagte. Was war passiert? Der ehemalige Keeper hatte als Experte eines TV-Senders seinen Kollegen in einem Champions League Spiel mit folgenden Worten kritisiert:

„Wenn er einen Schritt rausgeht, kann er den Ball abfangen. Er hätte sich nicht an den Pfosten klammern, sondern mutiger rausgehen sollen. Er kann es auf jeden Fall besser machen." Später konterte der kritisierte Torwart: *„Der Mann soll in die Muppet Show gehen. Er gehört auf die Couch. Vielleicht wird ihm da geholfen. Einweisen - am besten in die Geschlossene!"*

Nun ärgerte sich der Ex-Keeper über die Retourkutsche seines Kollegen so sehr, dass er ihn auf 20.000 Euro Schmerzensgeld verklagte. Später las ich in der Zeitung, dass das Münchner Landgericht die

Klage zurückgewiesen hatte. Vor diesem Richter ziehe ich meinen Hut.

Hier eine Anekdote über einen bekannten Schauspieler, der einmal zu mir ins Taxi stieg: Der Mann war Kommissar einer populären Krimiserie und beim TV-Publikum ziemlich beliebt. Ich begrüßte ihn erfreut und wollte ein wenig mit ihm plaudern. Doch er erwies sich als wortkarg und mürrisch. Er hatte Magenfalten im Gesicht und ich schloss daraus, dass er sich chronisch ärgerte. Auf halber Strecke bemerkte ich ein riesiges Transparent, das am Siegestor angebracht war. „Deutsche raus" stand dort in dicken fetten Lettern geschrieben. Nicht ohne Hintergedanken machte ich ihn darauf aufmerksam. Er blickte hoch und machte nun endlich seinen Mund auf: „Soweit sind wir also schon ... so eine Unverschämtheit!" Dann schimpfte er wie ein Rohrspatz und ließ Sätze vom Stapel, die ich hier nicht wiedergeben will. Ich grinste, denn der große Fernsehstar hatte nicht bemerkt, dass es sich um den Werbeslogan eines Reiseunternehmens gehandelt hatte.

Wenn Du bereit bist, Deinen Ärger bewusst anzunehmen und über ihn zu meditieren, dann haben Deine Gedanken keine Kontrolle über Dich. Verstehst Du das? Dann nämlich wirst Du gewissermaßen zum Alchemisten, der unedle Metalle in Gold verwandelt.

Eines Tages stieg ein Mann zu mir ins Taxi und nannte sein Fahrtziel. Ich fuhr los. Nach einer Weile bemerkte ich, dass er ein Gespräch mit mir anfangen wollte, doch ich hatte keine Lust zum Reden. Er ließ sich

jedoch nicht beirren und fragte: „Sind Sie Ausländer?"
Ich nickte stumm. Daraufhin bemerkte er: „Das merkt
man." „Woran", fragte ich erstaunt? Er: „Weil Sie so
wenig reden." Daraufhin erwiderte ich völlig spontan:
„Wirr Ausländer habben hierr nix vill zu saggen."

Eine Weile musterte er mich, dann fragte er: „Woher
kommen Sie?" Ich überlegte kurz, dann antwortete
ich: „Aus Makrobenien." „Wo ist denn das?" Ich log:
„In Afrika." Er horchte auf: „Wieso, Sie sind doch gar
nicht schwarz!" Ich sagte: „Ja, aber in Afrika gibbt
auch weiße Schwarrze." Ungläubig starrte er mich an.

Dann behauptete ich, dass ich Gesandter von
Makrobenien sei und beauftragt wurde,
Wiedergutmachungszahlungen in Bonn einzutreiben:
„In Vergangenheit sin weiße Herrschaft aus
Deutscheland eingefallen in meine Land und habben
alles weggenommen. Dann sie habben....." Er
unterbrach mich ärgerlich: „Sie brauchen mir gar
nichts zu erzählen, ich bin Arzt und kenne die
Geschichte Ihres Landes!" Unbeirrt fuhr ich fort:
„Jetzt Sie mussen zurück bezallen vill Geld!"
Freundlich grinste ich ihm ins Gesicht. Da höhnte er:
„Das könnte Euch so passen, immer nur abkassieren
und auf der faulen Haut liegen. Aber nicht mit uns!"
Doch ich ließ mich nicht beirren: „Nächste Woch ich
farren nach Bonn und sprechen mit die Kanzler."

Der Typ schaute mich an, als wäre ich nicht ganz
dicht. Er lachte: „Hahaha, Sie glauben wohl, unser
Bundeskanzler hat nichts Besseres zu tun, als Sie zu
empfangen?" In diesem Augenblick klingelte mein
Autotelefon. Ich nahm ab und fragte: „Hallo, werr

spricht dort?" Meine Frau meldete sich: „Hallo Schatz, ich bin ´s." Ich sagte: „Ah, gutten Tagg Herr Staatssekretär .... jawoll, ich habben Antrag fertig." Meine Frau fragte: „Was ist los?" Ich rief: „Wass, Sie habben schon derr ganze Geld? Wunderbarr! Jawoll ich werden sein serr pinktlich. Villen Dank für Anruf, Herr Oberstaatssekretär. Aufwiederrsehen, Herr Oberministerpräsident." Freudig wandte ich mich an meinen Fahrgast: „Sie sehen, der Mann von Kanzler hat mirr gerrade angeruffen." Der Herr neben mir machte eine wegwerfende Handbewegung und rief verärgert aus: „Da lachen ja die Hühner." Ich aber erzählte ihm bis zum Fahrtziel von „meine schönne Land." Als er genervt ausstieg, war ich so in Fahrt, dass ich ihm Makrobenien noch wärmstens als Urlaubsland empfahl. Als ich ihn noch fragen wollte, ob er an einem günstigen Flugticket interessiert sei, war er längst über alle Berge.

Ich möchte diesem Arzt, falls er dieses Buch liest und sich an das Erlebnis erinnert, Oshos Kommentar ans Herz legen:

„Was auch immer Dich glücklich oder unglücklich macht, werde eins damit. Fühle jede Emotion und lass Dich bewusst von ihr erfüllen. Wenn Du Dich ärgerst, dann verlege Dein Zentrum nicht auf die Person oder Sache, die den Ärger ausgelöst hat, sondern fühle Deinen Ärger in seiner Totalität und löse ihn somit auf."

Wut

Wut ist eine heftige, impulsive und aggressive Reaktion. Sie unterscheidet sich vom Ärger dadurch, dass sie ein höheres Erregungsniveau aufweist. Wut wird ausgelöst in Situationen, in denen man z.B. beleidigt wird. Sie kann sich gegen Menschen, Tiere, Gegenstände, Institutionen, ethnische Gruppen und sogar Nationen richten.

In der indischen Mythologie gibt es eine Parabel. Sie handelt von einem Mann, der wegen seiner Wutausbrüche gefürchtet war. Um seine Wut aufzugeben, ging er in den Himalaja und wohnte in einer Höhle. Im Lauf der Zeit wurde er als Heiliger verehrt, der still und friedlich im Einklang mit der Natur lebte. Eines Tages sollte ein Treffen stattfinden, auf dem die Weisen des ganzen Landes Vorträge halten sollten. Da man ihn ebenfalls eingeladen hatte, packte er sein Bündel und machte sich auf die Reise in die ferne Stadt. Je näher er kam, desto größer wurde das Gedränge der Menschen. Alle wollten hören, was die Weisen zu sagen hatten. Irgendwann waren alle Wege so verstopft, dass der ehemalige Wüterich kaum noch vorankam. Langsam stieg sein Aggressionspegel, und als ihm jemand auf die Füße trat, packte ihn die Wut und er streckte den Betreffenden mit einem Faustschlag nieder. Viele Jahre waren vergangen, doch seine Wut war immer noch da. Sie hatte nur auf den richtigen Moment gewartet.

Psychologen raten uns, erst mal Abstand zur Wut zu gewinnen. So sollen wir langsam bis zehn zählen oder tief durchatmen oder auf ein Kissen schlagen. Diese Tipps sind so weit in Ordnung. Es gibt aber auch Psychologen, die behaupten, dass das Verzeihen das beste Mittel gegen die Wut ist. Wie bitte? Jemandem zu vergeben, der mich eben beleidigt hat, ist starker Tobak.

Die klassische Psychotherapie vermutet hinter allen Problemen Kindheitskonflikte. Daher schlägt sie vor, die Ursache der Wut in der Kindheit zu suchen. Dazu sind viele Einzelsitzungen notwendig. Doch selbst wenn man fündig wird, wird die Wut nicht aus dem Leben verschwinden. Sie ist einfach nur eine Emotion, die der Alltag mit sich bringt.

Als ich 19 Jahre alt war, hatte ich mit einem Freund einen Urlaub im Pörtschach am schönen Wörthersee gebucht. Mein Vater wollte uns zum Flughafen fahren, hatte jedoch nicht damit gerechnet, dass ich verschlafen würde. Als er mich abholen wollte, lag ich noch im Bett und hatte nicht einmal meinen Koffer gepackt. Ich zog mich hastig an, stürzte dann zum Schrank und packte ein, was mir gerade zwischen die Finger kam. Mein Freund war inzwischen schon mit dem Taxi zum Flughafen gefahren. Als wir endlich glücklich im Flieger saßen, war ich vom Stress völlig verschwitzt.

Als wir angekommen waren und ich mir im Hotelzimmer meine Kleidung wechseln wollte, stellte ich fest, dass ich nur ein frisches Oberhemd dabei hatte. Ich ließ mir die Laune jedoch nicht verderben, schlüpfte in meine Badehose und streifte mein frisches Hemd über. Dann rannten wir zum See und sprangen ins kühle Nass. Ausgelassen schwammen wir auf eine kleine Badeinsel zu, die in vielleicht 100 Metern Entfernung auf den Wellen schaukelte. Als wir auf der Plattform lagen und unsere Blicke durch die Gegend schweifen ließen, bemerkte ich einen kleinen Hund, der am Strand auf und ab lief. Als er sich unseren Sachen näherte, überkam mich ein komisches Gefühl. Und tatsächlich, nachdem er ausgiebig an meinem Handtuch herumgeschnüffelt hatte, hob er sein Bein und pinkelte genau auf mein Hemd. Ich kraulte wütend an Land, doch als ich ankam, waren Herr und Hund längst über alle Berge. Während ich den Rest des Tages verärgert nach den beiden Ausschau hielt, amüsierte sich mein Freund prächtig über mich. Den restlichen Urlaub durfte ich jedoch seine getragenen Hemden benutzen, also machte ich gute Miene zum bösen Spiel.

In seinen letzten Lebensjahren ging ich mit meinem Vater gerne spazieren. Eines Tages wirkte er bedrückt und auf meine Frage, was denn passiert sei, erzählte er mir folgende Geschichte: Meine Eltern waren seit vielen Jahren mit einem Ehepaar befreundet. Sie besuchten sich gegenseitig und verbrachten ihre Zeit dann bei Kaffee und Kuchen. Da der Mann handwerklich geschickt war, packte er gerne an, wenn bei meinen Eltern eine Reparatur im Haushalt fällig war. Als sich die beiden Männer bei ihrem letzten Treffen die Tagesschau anschauten, kam ein Beitrag, in dem sich der „Zentralrat der Juden in Deutschland" besorgt über die Entwicklung des Antisemitismus geäußert hatte. Da gab der Freund meines Vaters plötzlich folgenden Kommentar ab: „Die haben doch schon genug bekommen, was wollen die denn noch?"

Diese Feststellung brachte meinen Vater auf die Palme. Selbst Tage später konnte ich seine Wut immer noch spüren. Geklärt hat er die Sache auf seine Weise, er weigerte sich ganz einfach, diesen Mann jemals wiederzusehen.

In der Zeit, als ich begann, meine Emotionen anzunehmen, musste ich einmal mit meinem Auto rückwärts aus unserer Hofeinfahrt fahren. Im Rückspiegel sah ich, dass just in diesem Moment ein Mann sein Fahrrad an einer metallenen Baumbegrenzung ankettete. Diese befand sich jenseits der Ausfahrt auf dem Bürgersteig. Da ich nun zu wenig Platz zum Rangieren hatte, öffnete ich mein Seitenfenster und rief dem Mann zu, sein Fahrrad doch bitteschön zu versetzen. Da höhnte er: „Da komm ich ja mit dem Lastwagen durch, Du Blinder." Dann drehte er sich um und ging kopfschüttelnd seiner Wege. Augenblicklich packte mich die Wut und ich stürzte aus dem Wagen. Ich wollte das Fahrrad packen und in alle Einzelteile zertrümmern. Doch mitten in der Aktion hielt ich inne, denn ich hatte mich erinnert, dass ich meine Emotionen bewusst anschauen wollte. Ich setzte mich also wieder ins Auto, schloss die Augen und ließ mich von der Wut erfüllen. Nun konnte ich sie in ihrer Totalität fühlen. Nach einer Weile begann ich mit ihr zu verschmelzen. Bald darauf war sie völlig weg. Gefasst stieg ich aus, nahm den Drahtesel und schob ihn samt Kette unaufgeregt zur Seite. Dann stieg ich ins Auto und fuhr pfeifend meiner Wege.

Genauso könntest Du mit Deiner Wut umgehen. Reagiere einfach nicht auf den äußeren Reiz. Sei achtsam und nutze diese Meditationstechnik, indem Du Deine Wut bewusst annimmst. Wenn ich das geschafft habe, dann kannst Du das auch. Ich bin weder intelligenter, noch klüger als Du. Erforderlich ist nur Dein aufrichtiger Wunsch nach einem glücklicheren Leben.

Eifersucht

Ist es Dir schon einmal aufgefallen, dass das Motiv eines jeden Verbrechens eine Emotion ist? Wer also stiehlt, betrügt oder einen Mord begeht, der tut es aus Gier, Neid, Hass, Rache, Ärger oder Wut.

Der Spielfilm „Equilibrium" hat unsere Gefühle thematisiert. In der Handlung geht es darum, dass Emotionen nach einem fiktiven dritten Weltkrieg als entscheidende Ursache aller Gewalttätigkeiten angesehen werden. Daher hat es sich das totalitäre Regime zur Aufgabe gemacht, die Gefühle aller Menschen mittels Drogen und Gehirnwäsche systematisch zu unterdrücken. Himmel, das ist doch genau der falsche Weg. Denn Gewalttätigkeit kann nur erlöschen, wenn wir sie bewusst annehmen.

Nehmen wir die Eifersucht. Man könnte rasen, heulen oder seinem Partner an die Gurgel springen. Es kommt zu Vorwürfen und handfesten Auseinandersetzungen, die sogar bis zum Totschlag oder Mord führen können. Die Psychologen haben herausgefunden, dass sich hinter der Eifersucht Ängste, Selbstzweifel und Besitzdenken verbergen. Obwohl jeder Betroffene weiß, dass sein Verhalten völlig irrational ist, kann er doch nichts dagegen tun. Sobald er nämlich nur daran denkt, dass der Partner in den Armen einer/s Anderen liegt, verliert er jede Herrschaft über sich. Dann kann sich seine Eifersucht ins Unerträgliche steigern.

Als unsere Tochter Sameera ungefähr ein Jahr alt war, zogen wir in das Häuschen einer Wohngemeinschaft.

Wie das bei WGs so üblich ist, wechselten dort gelegentlich die Mitbewohner. Eines Tages zog ein junger Mann ein, der schnell Gefallen an meiner Frau fand. Als ich einmal das gemeinschaftliche Wohnzimmer betrat, erwischte ich die Beiden, wie sie sich lachend in den Armen hielten. Schlagartig wurde ich eifersüchtig. Mit anderen Worten war ich nicht mehr Herr meiner selbst, sondern meinem Gefühl völlig ausgeliefert.

In den nächsten Tagen war ich nicht mehr fähig, an irgendetwas anderes zu denken. Dazu kam, dass der junge Mann keinen Job hatte und daher ständig im Haus anwesend war. Ich konnte nicht mehr in Ruhe arbeiten, weil mich meine Eifersucht mehrmals täglich nach Hause trieb. Das war für mich als Taxifahrer jedes Mal ein ziemlicher Aufwand, denn München ist ja nicht gerade eine kleine Stadt.

Der junge Mann und meine Frau verstanden sich gut und hatten ständig was zu kichern. Irgendwann stürzte ich mich auf ihn und warf ihn zu Boden. Ich schrie und brüllte wie am Spieß und ließ meine ganze aufgestaute Wut raus. Der arme Kerl war anschließend so frustriert, dass er bald kündigte und auszog.

Die Psychologen behaupten, dass wir die Eifersucht beherrschen können, wenn wir unser Verhalten verändern. Daher sollen wir unsere Reaktionen ganz genau beobachten und analysieren. Demzufolge hätte ich z.B. denken sollen, dass der neue Mitbewohner meine Frau attraktiv fand und somit nur Opfer seiner Hormone war. Ehrlich gesagt war mir sein sexueller

Notstand aber ziemlich egal. Er hätte sich gefälligst eine Andere suchen sollen.

Heute weiß ich, dass es eigentlich gar nicht darauf ankam, ob meine Eifersucht begründet war oder nicht. Der Punkt ist doch der, dass Eifersucht nicht angeboren ist. So gibt es Völker auf der Erde, wie z.B. das der Trobriander in der Südsee, bei denen die Eifersucht so gut wie gar nicht vorkommt. Wenn also Eifersucht in uns auftaucht, dann sollten wir nicht unseren Partner dafür beschuldigen. Das Gefühl der Eifersucht wurde uns einfach nur anerzogen. Daher können wir sie auch loswerden. Achte also nicht weiter auf die Endlosschleife in Deinem Kopf, sondern nehme die Eifersucht ins Visier, lasse Dich bewusst von ihr erfüllen und löse sie fühlend auf. Das lässt Dich zu einem Menschen reifen, der seinem Partner die notwendige Freiheit schenkt. Und frei möchtest Du selber doch auch sein, oder nicht?

„Hier in diesem Park habe ich meine Frau so richtig kennengelernt." „Ach, hattet Ihr hier Euren ersten intimen Kontakt?" „Nein, hier hat sie mich mit meiner Sekretärin erwischt!"

Streit

Die meisten psychologischen Ratgeber empfehlen, im Falle von Meinungsverschiedenheiten sachlich zu bleiben. Wir sollen unsere Argumente in Ruhe austauschen, Verständnis für den Anderen aufbringen, auf eine angenehme Lautstärke achten, Fehler und Schwächen zugeben und Verallgemeinerungen vermeiden.

Die Realität sieht jedoch ganz anders aus. Jeder weiß, dass Auseinandersetzungen sehr emotional werden können. Ein Wort ergibt das andere und dann geht es nur noch darum, den Anderen zu verletzen. Von Verständnis kann dann keine Rede mehr sein. Wie wir es dabei schaffen sollen, ruhig und sachlich zu bleiben, bleibt das Geheimnis der Psychologen.

Einmal wurde ich Zeuge einer Schlägerei. Der Anlass war völlig nichtig, doch dann steigerte sich das Wortgefecht, bis einer der beiden Kontrahenten seinem Gegenüber plötzlich ins Gesicht schlug. Da zückte der Andere ein Messer und stach zu. Als das Blut lief, wurde mir übel.

Sehr schön kann der plötzliche Ausbruch von Differenzen auch bei politischen Talkshows im TV beobachtet werden. Die Teilnehmer tragen ihre Meinungen zunächst ruhig und sachlich vor. Man freut sich direkt, wie kultiviert es da zugeht. Doch kaum fühlt sich einer kritisiert, haut er sofort verbal zu. Wilde Wortgefechte brechen vom Zaum, die der/die Moderator/in nur mühsam schlichten kann.

Wenn uns die Emotionen übermannen, dann sehen wir rot.

Ich weiß nicht, wie viele Menschen sich in diesem Moment auf der Erde streiten. Falls es nur jeder Hundertste ist, dann sind es ca. siebzig Millionen Leute. Stell Dir das mal vor! Kein Wunder, dass kein Frieden herrscht auf der Welt.

In meiner Taxizeit musste ich einmal dringend telefonieren. Es gab noch keine Mobilfunktelefone und so musste ich mir eine Telefonzelle suchen. Da sie gerade besetzt war und es in Strömen regnete, wartete ich vor der Zelle im Auto. Bald verlor ich jedoch die Geduld, stieg aus und klopfte energisch an die Zellentür. Doch der Mann reagierte nicht und telefonierte seelenruhig weiter. Nun ging ich vor der Zelle wütend auf und ab. Dem Kerl war es jedoch völlig egal, dass ich schnell klatschnass war. Zwei Minuten später riss ich die Tür auf und schrie: „Bitte fassen Sie sich kurz, ich muss auch mal telefonieren." Sofort hängte der Mensch den Hörer ein, stürzte zur Zelle hinaus und packte mich am Kragen. Er roch nach Alkohol und ich wusste intuitiv, dass er zuschlagen würde. Mit einem „Was ist los?" brüllte er mich an. Erschrocken stammelte ich: „Ich wollte nur mal telefonieren." Mit einem: „Ich auch, Du Arschloch" machte er mir klar, wer hier das Sagen hatte. Da ich seine Dominanz widerspruchslos akzeptierte, schaffte ich es, ohne Prügel davonzukommen. Doch für den Rest des Tages stritt ich mit dem Mann in meinem Kopf weiter. Ich war vollkommen identifiziert mit dieser Geschichte.

Ich habe eine starke Abneigung gegen Streit. Vielleicht liegt es daran, dass meine Eltern so viel stritten. Oder weil ich im Enneagramm die Nummer neun bin. Dieses System zeigt neun verschiedene Charakterfixierungen. Und die Nummer neun präsentiert den Friedensstifter.

In Pune wurde mir meine Affinität zum Frieden bewusst. Zum Ausklang einer Selbsterfahrungsgruppe führte uns die Therapeutin auf eine Fantasiereise. Sie ließ uns in unserer Vorstellung durch die Natur wandern und an eine alte Burg kommen. Dann sagte sie: „Das Tier, das herauskommt, sobald Du das Tor öffnest, ist Dein Krafttier." Ich öffnete also das Tor und augenblicklich kam mir eine weiße Friedenstaube entgegen geflogen.

Streiten ist in Beziehungen ein Dauerthema. Die psychologischen Ratgeber befürworten den Streit, weil sie glauben, dass sich dadurch keine größeren Beziehungsprobleme aufstauen. Sie empfehlen jedoch, bestimmte Spielregeln einzuhalten. Diese beziehen sich darauf, wie bereits erwähnt, sachlich zu bleiben, die Stimme nicht zu erhöhen, den Partner nicht zu verletzen, ihn ausreden zu lassen und zuzuhören.

Die Psychologen haben in allen Punkten recht. Sie haben eben nur übersehen, dass beim Streiten unser Stammhirn aktiv wird. Dieses wird auch Reptilienhirn genannt, weil es entwicklungsgeschichtlich der älteste Teil unseres Gehirns ist. Hier ein paar Fakten zum Reptilienhirn: Es ist nicht nur für Herzschlag und Atmung zuständig, sondern auch für den

Überlebenskampf. Daher regelt es unsere Angriffs- und Selbstverteidigungsmechanismen. Wenn Dein Partner also etwas sagt, das Dich verletzt, dann passiert folgendes: Dein Stammhirn bewertet im Bruchteil einer Sekunde, dass dies ein Angriff war. Augenblicklich reagiert Dein limbisches System und veranlasst die entsprechenden Drüsen, Stresshormone auszuschütten. Jetzt bist Du gerüstet zum Kampf.

Bewusstsein ist das einzige Mittel, das unsere Kampfbereitschaft stoppen kann. Wenn Du merkst, dass Du geradewegs in einen Streit hineingerätst, dann wende Deine Aufmerksamkeit augenblicklich vom äußeren Geschehen ab. Schaue bewusst nach innen und fühle diesen Zustand, bis Du mit ihm verschmilzt. Das ist völlig ungewohnt, aber nicht unmöglich.

Wenn Du Dich jedoch zum Streiten hast hinreißen lassen und es Dir anschließend schlecht geht, dann setze Dich, sobald Du die Gelegenheit dazu hast, in eine stille Ecke und lasse das Geschehen nochmal Revue passieren. Dann tauchen die Emotionen automatisch wieder auf. Lasse Dich nun so lange von ihnen erfüllen, bis Du eins mit ihnen wirst. Dann wirst Du merken, dass sie verschwunden sind.

Hier ist eine Technik für Paare, die häufig streiten: Wenn es einem der Partner zu bunt wird, dann ruft er: „Stopp!" Augenblicklich müssen beide innehalten. Jetzt haben sie Gelegenheit zu schauen, was sich in ihnen abspielt. Damit lösen sie sich von ihrer Identifikation. Um diese Technik zu beherrschen, müssen beide Partner mit ihren Emotionen verschmelzen. Wenn das geschieht, dann können sie ihr Gespräch in aller Ruhe fortsetzen. Bedingung für diese Stopp-Technik ist natürlich die Bereitschaft, dass beide Partner mitmachen.

Ein Ehepaar hat wieder einmal Streit. Irgendwann schreit er: „Wenn Du stirbst, schreibe ich auf Deinen Grabstein: Hier liegt meine Frau - kalt wie immer." Da kontert sie: „Und wenn Du stirbst, dann steht auf Deinem Grabstein: Hier liegt mein Mann – endlich steif."

Bluthochdruck

Lt. Wissenschaft steigt der Blutdruck der Menschen seit Jahrzehnten rapide an. Die Ursache liegt möglicherweise am vorherrschenden Leistungsdruck. Am 4.05.2011 gab die Deutsche Hochdruckliga e.V. bekannt, dass nahezu die Hälfte der Deutschen an Bluthochdruck erkrankt sind. Da aber nur jeder Zweite Kenntnis davon hat, kommt es oft völlig unerwartet zu Arteriosklerose, Herzinfarkt, Schlaganfall oder Tod.

In der Mehrzahl aller Fälle lassen sich keine organische Ursachen feststellen. Die Risikofaktoren sind jedoch bekannt:

- Genetik
- Bewegungsmangel
- Übergewicht
- Hoher Salzkonsum
- Hoher Alkoholkonsum
- Zigarettenkonsum
- Niedrige Kaliumzufuhr (Obst, Gemüse)

Ein großer Risikofaktor für die Entstehung von Bluthochdruck ist der Stress. Das Wort kommt aus dem Englischen und bedeutet „Druck, Anspannung." So können z.B. Kindheitskonflikte, Beziehungsprobleme, Schulden, Geldmangel, Mobbing und ähnliche Ursachen einen psychischen Dauerdruck erzeugen, der vom Körper nicht abgebaut werden kann.

Irgendwo las ich einmal, dass der erhöhte Blutdruck seinen Sinn darin findet, kurzfristig mehr Energie zu liefern. Das ist eine Funktion, welche die Kraft zur Verfügung stellt, damit Konflikte besser und energischer gelöst werden können. Danach sinkt der Druck wieder auf den Normalwert. Bleiben die Konflikte aber ungelöst, dann kann daraus ein chronischer Bluthochdruck entstehen.

Eines Tages holte ich mit dem Taxi ein altes Mütterchen von einem Altersheim ab. Sie wollte zu ihrem Arzt, da sie sich seit einigen Tagen unwohl fühlte. Wegen des dichten Verkehrs steckten wir im Stau und kamen ins Gespräch. Ich erfuhr, dass es sich bei dem Altenheim um eine kirchliche Stiftung handelte, die von Nonnen geführt wurde. Im Heim herrschte ein giftiges Klima, weil sich die frommen Schwestern untereinander spinnefeind waren. Den Ärger bekamen die Heimbewohner hautnah zu spüren. Sie hatten zu parieren und durften z.B. ihre Zimmer nur verlassen, wenn es Zeit zum Essen war. Ein geselliges Miteinander war nicht erwünscht und so wurde der vorhandene Gemeinschaftsraum nur zu Weihnachten und Ostern geöffnet. Da mir die Frau leidtat, nahm ich ihre Hand und hielt sie fest in meiner.

Wie der Zufall so spielt, wurde ich einige Zeit später noch einmal zu diesem Heim bestellt. Dieses Mal stieg eine der Nonnen bei mir ein. Auch sie wollte zum Arzt. Nachdem sie mir erzählt hatte, dass sie unter Bluthochdruck litt, berichtete ich ihr, was mir zu Ohren gekommen war. „Ja, um Gotteswillen!" stammelte sie erschrocken. Da packte ich die

Gelegenheit beim Schopf und fragte: „Warum hassen sich die Nonnen untereinander so? Kümmern Sie sich doch lieber um die Nöte der Alten. Die hocken immer nur in ihren Zimmern herum und versauern dort." Als ich merkte, dass die Nonne innerlich zu beben begann, fügte ich hinzu: „Sie werden schon sehen, die Armen werden Ihnen für jede Erleichterung dankbar sein. Und wenn Sie eines Tages vor Ihrem Schöpfer stehen, dann brauchen Sie kein schlechtes Gewissen zu haben und können ihm geradewegs in die Augen schauen." Die Nonne hielt jetzt die Augen geschlossen. Ihre Hände waren gefaltet und die Lippen bewegten sich lautlos. Betete die jetzt? Ich fuhr fort: „Versuchen Sie doch die alten Menschen zu verstehen. Liebe heißt, sich um seinen Nächsten zu kümmern." Mit solchen und ähnlichen Worten hielt ich eine bemerkenswerte Predigt und war zum Schluss so gerührt, dass mir fast die Tränen kamen.

Als wir unser Fahrtziel erreicht hatten, öffnete sie ihre Augen und schaute mich sonderbar an. Wollte sie mich jetzt segnen? Unwillkürlich neigte sich mein Haupt. Doch plötzlich kreischte sie los: „Ich weiß, wer Dich geschickt hat, Du Satan. Der Teufel hat Dich geschickt." Ihr Gesicht verzerrte sich zu einer Fratze und sie begann, sich in schrille Beschimpfungen hineinzusteigern. Ich sprang wie der Teufel aus dem Taxi, raste um das Auto herum, riss die Beifahrertür auf und zerrte sie fast hinaus. Sie schrie auf dem Bürgersteig weiter, sodass die Passanten stehen blieben und gafften. Mit einem Satz sprang ich wieder ins Taxi und brauste los. Im Rückspiegel sah ich, wie sie mir mit hoch erhobener Faust hinterher drohte. Ich atmete auf, denn ich war der Hölle entronnen. Später fiel mir auf, dass sie nicht bezahlt hatte. Da hatte sie aber Glück gehabt.

Die eigentliche Ursache für einen lang anhaltenden psychischen Druck liegt darin, dass sich unsere negativen Emotionen nicht auflösen. Wir verdrängen sie nur, was dazu führt, dass wir dadurch, wie bereits erwähnt, unser negatives Energiefeld füttern, das die verdrängten Gefühle unseres bisherigen Lebens enthält.

Menschen ärgern sich z.B. oft Jahrzehnte lang über ihre Ehepartner. Wäre es nicht viel einfacher, seinen Blick nach innen zu richten und zu akzeptieren, was sich dort abspielt? Wenn man das tut, dann hätte man vielleicht weniger Druck im Leben. Dann würde sich die Gefahr eines Bluthochdrucks vermindern. Natürlich müssen wir auch auf die richtige Ernährung und körperliche Fitness achten

Depressionen

Unter Depressionen versteht man einen Zustand von psychischer Niedergeschlagenheit. Lt. einer Studie der Weltgesundheitsorganisation ist dieses Übel auf dem Vormarsch. Im Jahr 2012 litten in Deutschland etwa vier bis fünf Millionen und weltweit ca. 350 Millionen Menschen an dieser Erkrankung. Es wird befürchtet, dass Depressionen bis Ende 2020 weltweit den zweithöchsten Rang unter den Volkskrankheiten einnehmen.

Als mich meine Mutter verlassen hatte, verfiel ich immer wieder in depressive Zustände. Obwohl ich ein lebhafter Junge war, der mit seinem kleinen Roller in der ganzen Stadt herumsauste, vermisste ein Teil von mir immer die Mutter. So zog ich mich oft in mich selbst zurück und versank in melancholischen Stimmungen. Als ich älter wurde, drückte sich meine Traurigkeit in meiner Körperhaltung aus, denn ich ließ meinen Kopf hängen. Im Alter von 27 Jahren suchte ich einen Psychotherapeuten auf, erkannte aber bald, dass er weit davon entfernt war, mir zu helfen. Glücklicherweise fand ich später meinen Weg zu Osho, sonst hätte ich mich vielleicht irgendwann einmal umgebracht.

Ende der 90er Jahre verbrachte ich einen Nachmittag mit der etwa 20-jährigen Tochter meines besten Freundes. Das Mädchen war heroinsüchtig und hatte deswegen seinen Eltern gegenüber schwere Schuldgefühle. Nachdem ich ihr bei einigen Besorgungen geholfen hatte, setzten wir uns in ein Café und sprachen über ihre Probleme. Sie hatte seit frühester Kindheit depressive Phasen, weil sie sich von ihrer Mutter abgelehnt fühlte. Der geliebte Vater stand ihr nicht vermittelnd zur Seite, weil er das Ausmaß des Problems nicht erkannt hatte und außerdem beruflich viel unterwegs war. So war das hochbegabte und kreative Mädchen in stiller Verzweiflung herangewachsen. Eines Tages stieß sie auf Heroin, das ihr das große Glück versprach. Sie wurde süchtig und rutschte in die Drogenszene ab.

Ich fühlte mich völlig hilflos, denn ich wusste nicht, wie ich dem Mädchen hätte helfen können. Sie war traurig, hatte bereits mehrere Entzüge und psychotherapeutische Behandlungen hinter sich und befand sich nun zum wiederholten Mal in einer Nachbetreuungsphase. Um ihr zu demonstrieren, dass das Leben trotz aller Probleme schön sein kann, sprang ich mitten im Caféhaus auf, klatschte in die Hände und rief laut in die Runde: „Alle mal herhören. Ich bin der berühmte Luftgitarrist Johnny Walker." Dann erging mich in verzückten Verrenkungen und warf mich zu guter Letzt zu Boden. Doch alles war vergebens, ich konnte das Mädchen nicht aufheitern. Ein paar Monate später setzte sie sich den goldenen Schuss und sprang von einem Hochhaus.

Ich habe gehört, dass mein Freund bis heute unter dieser Last leidet. Leider habe ich keinen Kontakt mehr zu ihm. Sonst könnte ich ihm helfen, sich mit seinem Schicksal zu versöhnen. Es ist schließlich nicht der Sinn des Lebens, sich ewig mit Selbstvorwürfen und Schuldgefühlen zu belasten. Was geschehen ist, ist geschehen, und mein Freund darf glücklich sein, selbst unter diesen Umständen.

Der norwegische Maler Edvard Munch (1863 – 1944) malte im Rahmen einer Serie vier Bilder mit dem Namen: „Der Schrei". Ein Gemälde davon wurde am 2. Mai 2012 bei einer Auktion für knapp 120 Millionen Dollar verkauft. Das Bild zeigt im Vordergrund eine Person mit weit aufgerissenem Mund. Während ihre Augen vor Schreck starr sind, presst sie die Hände seitlich an den Kopf. Das Bild vermittelt Angst, Entsetzen und Verzweiflung. „Der Schrei" gilt als Beispiel für Edvard Munchs Seelenmalerei. Damit ist sein seelischer Zustand gemeint, denn er war manisch-depressiv und alkoholkrank.

Wie wenig die Psychiater bei Depressionen für ihre Patienten tun können, zeigt der Freitod des früheren Fußball-Nationaltorwarts Robert Enke. Er nahm sich am 10.11.2009 das Leben, weil er an schweren Depressionen litt. Lt. Wikipedia wurde auf einer Pressekonferenz bekanntgegeben, dass er seit 2003 wegen dieser Erkrankung mehrfach in psychiatrischer Behandlung war. Mit anderen Worten hat es die Psychiatrie trotz jahrelanger Therapie nicht geschafft, dem Sportler zu helfen. Nach seinem Tod trauerten viele Fußballfreunde um ihn und die Verantwortlichen des deutschen Fußballs ließen verlauten, dass so etwas nie wieder passieren dürfe. Das dürfte ein frommer Wunsch bleiben, denn depressive Menschen schämen sich für ihre vermeintliche Schwäche und behalten sie lieber für sich.

Depressionen werden entweder psychotherapeutisch und/oder medikamentös behandelt. In ihren Anfängen richtete die Psychotherapie ihre Aufmerksamkeit auf die Vergangenheit des Erkrankten. Dabei wurden in jahrelangen Sitzungen versteckte Konflikte aufgespürt und bearbeitet. Die heutigen Psychotherapeuten dagegen versuchen, die Depressionen mehr im „Hier und Jetzt" aufzulösen. Sie haben diesen Begriff aus dem Sprachgebrauch der östlichen Spiritualität übernommen, ohne jedoch zu verstehen, was damit eigentlich gemeint ist. Um es noch einmal klar zu sagen, im Hier und Jetzt existieren keine Probleme.

Die kognitive (gedankliche) Verhaltenstherapie geht davon aus, dass die Art und Weise, wie wir denken, bestimmend dafür ist, wie wir uns fühlen und verhalten. Der Patient soll demnach lernen, Denkmuster, die zu Angstzuständen und Depressionen führen, zu erkennen und dann positiv umzugestalten. Hier ein Beispiel, welcher Fragenkatalog diesbezüglich von Patienten zu beantworten ist:

1. Welches Gefühl entsteht, wenn Sie an Ihren Misserfolg denken?

2. Wie können Sie beweisen, dass dieser Gedanke wahr ist?

3. Was haben Sie davon, wenn Sie diesem Gedanken weiterhin glauben?

4. Was würden Sie jemandem raten, der denselben Gedanken hegt?

5. Welcher Gedanke wäre hilfreicher?

6. Formulieren Sie diesen neuen Gedanken und schreiben sie ihn auf ein Karteikärtchen.

Damit setzt die Psychotherapie ihre Hoffnung auf die Gedankenkorrektur. Gedanken, die zu Depressionen führen, entstehen jedoch aus dem Zusammenspiel bewusster und unbewusster Faktoren und lassen sich daher nicht mir nichts dir nichts verändern.

Wer seiner Niedergeschlagenheit wirksam beikommen will, der braucht möglicherweise keine jahrelange psychiatrische Behandlung. Er muss nur bereit sein, seine Depression anzuschauen und anzunehmen. Sie bestehen aus verdrängten Emotionen und ich weiß aus eigener Erfahrung, dass man diese auch nach Jahrzehnten noch auflösen kann.

Krebs

Krebs ist eine Bezeichnung für bösartige Tumoren (Geschwulste). Sie wachsen in umliegendes, gesundes Gewebe ein und zerstören dieses. Im Gegensatz dazu dringen gutartige Tumoren nicht in umliegendes Gewebe ein und bilden auch keine Metastasen. Jede Minute wird derzeit einem Menschen in Deutschland diagnostiziert, dass ein Tumor in seinem Körper wächst. Das sind jährlich 490.000 Menschen. Lt. dem Magazin „Zeitenschrift" befürchten Experten, dass Krebserkrankungen bis Mitte dieses Jahrhunderts dramatisch zunehmen und fast jeden Menschen treffen werden.

Warum Krebs entsteht ist bisher ungeklärt. Das Bundesministerium für Gesundheit zählt jedoch eine Reihe von Risikofaktoren auf, die den Krebs einzeln oder zusammenhängend mitverursachen können. Dazu zählen unter anderem:

- Rauchen
- Alkoholmissbrauch
- Falsche Ernährung
- Krebserzeugende Stoffe in der Arbeits- und Umwelt
- Strahlenbelastungen
- Bestimmte Virusinfektionen

In meinen Taxijahren habe ich viele Krebspatienten befördert und manchmal das Gefühl gehabt, dass ein Trauma eine gewisse Rolle spielen konnte. Ein Trauma ist lt. Wikipedia eine seelische Verletzung, die durch eine starke psychische Erschütterung hervorgerufen wird. Dazu gehören frühkindliche

Schockerlebnisse, Naturkatastrophen, Geiselnahmen, Überfälle und Vergewaltigungen. Ich fand es immer merkwürdig, dass die Medizin den Krebs nicht ganzheitlich behandelt, sondern wegschneidet, bestrahlt und/oder Chemotherapie einsetzt.

Das norwegische „Zentrum für Langzeitüberlebende nach Krebs" machte diesbezüglich eine interessante Aussage: „Patienten werden vielleicht von Krebs befreit, sie sind aber nicht gesund." Lt. Uniklinik Köln soll etwa ein Drittel der Patienten, auch wenn die Behandlung abgeschlossen ist, unter Spätfolgen von Operation, Bestrahlung oder Chemotherapie leiden.

Ich habe mich immer gefragt, was es eigentlich bedeutet, wenn jemand seinen Krebs bekämpft. Ich habe daher im Internet recherchiert und festgestellt, dass für Patienten die Welt zusammenbricht, wenn ein Tumor vermutet oder festgestellt wird. Der aufkommende Gedanke „Warum gerade ich?" stürzt sie in tiefe Abgründe. In der Regel wird dann zunächst eine Gewebeprobe entnommen und auf Gutartigkeit bzw. Bösartigkeit untersucht. Danach legen die Ärzte den Behandlungsplan fest. Dieser sieht eine Chemo- und/oder Strahlentherapie und gegebenenfalls eine operative Entfernung des Tumors vor. Je nach Sachlage wird aber auch zuerst operiert und dann mit Chemo therapiert und/oder bestrahlt. Sollten bereits Metastasen vorliegen, wird im Vorfeld auch über die diesbezügliche Therapie entschieden.

Die Chemotherapie hat viele Nebenwirkungen. Patienten berichten über Übelkeit, Erbrechen, Müdigkeit, Magenbrennen, Infekte, Ausschläge,

Diarrhö, Schluckbeschwerden, Augenbrennen, Fieber, Schüttelfrost, Kopfweh, Gleichgewichtsstörungen, Verlust der Haare. Auf der seelischen Seite herrschen ständige Angst, Niedergeschlagenheit und Verzweiflung vor. Um nicht vollkommen unterzugehen, braucht der Kranke die ganze Unterstützung und Liebe seiner Angehörigen. Ist die erste Chemorunde beendet, folgen im Zwei-Wochen-Rhythmus weitere Runden. Oft verstärken sich die Nebenwirkungen dann.

Nun begriff ich, was mit dem Kampf gegen den Krebs gemeint ist: Während der gesamten Behandlungszeit möchten viele Patienten immer wieder aufgeben … alles hinschmeißen … davonlaufen. Zu qualvoll die Schmerzen, zu schlimm die Angst, zu groß die Erschöpfung. In diesen Perioden bitten die besorgten Angehörigen immer wieder: „Gib nicht auf ... kämpfe weiter ... glaube an Dich!" Und mit letzter Willenskraft schaffen es die Kranken, die schreckliche Zeit irgendwie zu überstehen.

Doch der Kampf ist damit nicht gewonnen, es beginnt lediglich eine neue Runde. Denn nun stehen die regelmäßigen Nachsorgeuntersuchungen an. Diese sollen mögliche Tumorrückfälle und/oder Zweittumoren rechtzeitig erkennen. Denn je früher erneute Erkrankungen festgestellt werden, desto besser sind die Behandlungschancen. Wenn also der Termin für die nächste Nachsorgeuntersuchung näher rückt, dann wächst die Angst der Patienten aufs Neue.

Lt. Statistik überlebt heute mehr als die Hälfte aller Krebspatienten eine Zeit von fünf Jahren nach der

Diagnosestellung. Diese Statistik ist jedoch geschönt, weil z. B. Kleinsttumoren und Krebsarten, die nicht als lebensbedrohlich gelten, von der Statistik erfasst werden. Auch wer sechs Jahre nach Therapiebeginn an Krebs stirbt, wird in der Statistik als geheilt erfasst. Es gibt noch ein paar andere Ungereimtheiten, ich will aber nicht tiefer in diese Thematik einsteigen.

Warum lassen Patienten eine Therapie über sich ergehen, die sie möglicherweise gar nicht vor dem Tod rettet? Ich glaube, dass sie sich so hilflos fühlen, dass sie alles in Kauf nehmen, was irgendein weißer Kittel rät.

Krebs und die Angst vor Metastasen lösen einen Dauerstress aus, der schlimme Folgen hat. Denn es kommt zur Ausschüttung von Stresshormonen, die erhöhte Blutzuckerwerte und Depressionen nach sich ziehen. Damit wird das Immunsystem zusätzlich belastet, dabei ist dieses für den Heilprozess so enorm wichtig. Aus meiner Sicht müssten alle Patienten ihre Krankheit annehmen. Dann könnten sie „ja" zu sich selbst und ihren Ängsten sagen.

Noch ein Wort zu den Metastasen. Einer Hypothese zufolge können Krebse nicht streuen. Begründet wird dies damit, dass im Blut keine Tumor- oder Krebszellen nachweisbar sind. Inzwischen hat die Krebsforschung jedoch herausgefunden, dass Metastasen durch „Krebs-Stammzellen" entstehen, die nur deshalb so schwer nachzuweisen sind, weil sie sich in Nischen, z.B. des Knochenmarks, versteckt halten. Warum Krebs-Stammzellen aber überhaupt aussiedeln, wissen Krebsforscher noch nicht.

Vielleicht hat der Schock bei der Krebsdiagnose ja einen gewissen Einfluss.

Als ich dieses Kapitel schrieb, wusste ich noch nicht, dass ich bereits selbst einen Tumor in mir trug. Im Jahr 2012 wurde bei mir ein Blasentumor festgestellt. Ich weigerte mich, eine Operation durchführen zu lassen. Stattdessen versuchte ich 18 Monate lang, den Tumor alternativ zu heilen. Leider ohne Erfolg. Im Jahr 2014 schließlich musste ich eine radikale Blasenentfernung über mich ergehen lassen. Von November 2014 bis Februar 2015 folgten vier Runden Chemotherapie. Trotz verschiedener Komplikationen (z.B. Nierenstau mit Nierenpunktion) habe ich OP und Chemo gut überstanden (Stand September 2015).

In den sechs Wochen, die ich im Krankenhaus lag, kamen viele Gedanken hoch, die immer wieder Ängste auslösten. Ich meditierte jedoch über sie, durchfühlte sie und verschmolz mit ihnen. Insofern fiel ich in kein emotionales Loch. Über den Verlauf dieses Prozesses habe ich später ein Buch geschrieben. Titel: „Gegen Krebs ist viel Kraut gewachsen". Eine Geschichte daraus möchte ich jetzt schon schildern: Die Operation dauerte knapp fünf Stunden und als ich aufwachte, lag ich auf der Intensivstation. Da alles gut verlaufen war, wurde ich am nächsten Morgen auf die sog. Wachstation verlegt. Das ist eine Station, auf der frisch Operierte überwacht werden. Insgesamt lagen sechs Patienten in diesem Zimmer und an einen erholsamen Schlaf war nicht zu denken. Verschiedene Apparate piepsten ständig, die Krankenschwestern gingen ein und aus und irgendjemand stöhnte immer. Schließlich kam ich mit Gefühlen in Kontakt, die mich an eine Begebenheit in meiner Kindheit erinnerten. Damals war ich etwa drei Jahre alt und musste ins Krankenhaus, weil ich an Wucherungen im Rachenraum operiert werden musste. Das war keine schöne Zeit. Ich war völlig verängstigt und fühlte mich allein gelassen. Und jetzt tauchten die gleichen Emotionen wieder auf. Ich begann zu weinen und meine Tränen flossen wie Sturzbäche in mein Kissen. Drei Tage hielt dieser Zustand an und dann wurde mir bewusst, wie sehr ich von meiner Frau und meiner Tochter geliebt wurde. Von diesem Moment an entspannte ich mich und bekam das Gefühl einer tiefen inneren Heilung.

Unterhalten sich zwei Ärzte: „Wir haben einen Patienten reinbekommen, der hat alles: „Syphilis, Aids, Herpes, Ruhr, Cholera, Hepatitis und Krebs." „Was gebt ihr ihm denn?" Morgens einen Toast, mittags eine Pizza und abends einen Omelette." „Und das hilft?" Nein, aber das geht unter der Tür durch."

Geld

Als es noch kein Geld gab, trieben die Menschen Tauschhandel miteinander oder bezahlten mit Werten, wie z. B. Getreide, Muscheln, Silber oder Gold. Als vor ca. 4000 Jahren die ersten Geldmünzen aufkamen, ersetzten diese nach und nach die Naturalwerte.

Lt. der Volkswirtschaftslehre hat das Geld drei Funktionen: Zahlungsmittel, Wertaufbewahrungsmittel und Wertmaßstab. Es gibt darüber hinaus einen psychologischen Effekt, der aber nicht erwähnt wird: Wenn sich des Menschen Ego nämlich nach Höhe seines Bankkontos richtet, dann schaut er auf die herab, die weniger haben. Wer kennt nicht den früheren Werbespot, in dem sich zwei Kerle zeigten, was sie alles erreicht hatten im Leben: „Mein Haus, mein Auto, mein Boot."

Als Kind war ich von dem Märchen „Das kalte Herz" von Wilhelm Hauff fasziniert. Es handelt von Peter Munk, der mit seinem kargen Einkommen als Köhler unzufrieden war. Er bewunderte und beneidete drei Männer, die immer Geld hatten: Den dicken Echziel, den langen Schlurker und den Tanzbodenkönig. Da traf Peter den Holländer Michel, der ihn um den Preis seines Herzens reich machte. Nun war Peter Munk zwar vermögend, trug aber statt seines Herzens einen kalten Stein in der Brust. Nach einer freudlosen Weltreise suchte er den Holländer Michel auf und forderte sein Herz zurück. Doch dieser verweigerte ihm das Anliegen.

Peter wurde geizig und gab auch seiner Mutter nur noch Almosen. Eines Tages erschlug er vor lauter Wut seine Frau, weil sie einem Bettler Brot und Wein gegeben hatte. Da entpuppte sich der Bettler als das Glasmännlein, auch Schatzhauser genannt, das dem Peter einst drei freie Wünsche gewährt hatte. Er gab dem Peter nun acht Tage Zeit, sein Leben zu überdenken.

Peter schlief schlecht in dieser Zeit und hörte Stimmen, die ihm rieten, er solle sich ein wärmeres Herz verschaffen. Da er noch einen Wunsch frei hatte, ging er in den Wald und rief den Schatzhauser um Hilfe an. Da verriet ihm dieser, wie er den Holländer Michel hereinlegen konnte. Peter tat, wie ihm geheißen und holte sich auf diesem Wege sein Herz zurück. Als er nach Hause kam, da erwartete ihn bereits seine Frau, weil sie vom Glasmännlein wieder zum Leben erweckt worden war.

Diese Geschichte will besagen, dass das Geld unglücklich macht. Diese grundsätzliche Behauptung halte ich für einen Blödsinn. Geld ist tatsächlich nur Zahlungsmittel, Wertaufbewahrungsmittel und Wertmaßstab. Nur wenn wir dem Geld gierig hinterherlaufen, weil wir glauben, dass wir nur glücklich sein können, wenn wir uns dies und jenes leisten können oder wenn wir wollen, dass unsere Nachbarn neidisch auf uns sind oder wenn wir sogar bereit sind, für Geld zu betrügen und morden, ja dann macht Geld unglücklich.

Es gibt in Indien eine Parabel, die von unserer Angst vor materiellen Verlusten zeugt: Ein Mann erfuhr, dass sein Haus niedergebrannt war. Während er weinend sein Schicksal beklagte, erschien einer seiner Söhne und rief: „Vater weine nicht, ich habe das Feuer rechtzeitig gelöscht." Erleichtert fiel der Mann auf die Knie und dankte Gott.

Kurz darauf erfuhr er, dass das Feuer ein zweites Mal ausgebrochen war. Und wieder brach der Mann in Tränen aus und klagte: „Gott, was habe ich Dir nur angetan?"

Daraufhin erschien sein zweiter Sohn und rief: „Vater, höre die gute Nachricht, ich konnte das Feuer löschen." Und wieder atmete der Mann auf und pries Gott für das Wunder.

Da der Mann mehrere Söhne hatte, wiederholte sich der Vorfall mehrmals. Das gelöschte Feuer brach immer wieder aus und jedes Mal beklagte der Mann sein Schicksal.

Was auch immer uns widerfährt, wir haben die Wahl, die Gefühle, die aus materiellen Verlusten oder Geldmangel entstehen, anzunehmen. Das ändert zwar die Misere nicht, macht sie aber erträglich.

Als ich mich 1975 ein Jahr in den USA aufhielt, wohnte ich zunächst bei meinem Onkel. Wie eingangs beschrieben, hatte er einen erfolgreichen Betrieb in Los Angeles aufgebaut. Er fuhr einen Cadillac und bewohnte ein 7-Zimmer-Haus in Beverly Hills, natürlich mit Garten und Swimmingpool.

Eines Tages kamen Gäste, die ihrerseits einen weiblichen Gast mitgebracht hatten. Da meine Tante in bescheidenen Verhältnissen aufgewachsen war, führte sie die Unbekannte durch das Haus und wollte sie damit wohl beeindrucken. Die Frau war freundlich, zeigte sich aber nicht sonderlich angetan. Ein paar Tage später erfuhren wir, dass sie die Geschiedene eines weltberühmten Autovermieters war und selbst ein Haus mit 32 Zimmern bewohnte. Da verschlug es meiner Tante die Sprache.

Am Hauptbahnhof stieg einmal ein Freund aus früheren Tagen zu mir ins Taxi. Ich erzählte ihm, dass mir tags zuvor ein Fahrgast meine nagelneue Lederjacke geklaut hatte. Ich hatte sie auf der Heckablage deponiert und war nun traurig über den Verlust. Als ich meinen Freund zu seinem Ziel gebracht hatte, bat er mich in seine Geschäftsräume hoch. Dort ließ er dann von einer Angestellten ein paar Lederjacken bringen. Dann durfte ich mir zwei aussuchen, die mir am besten gefielen. Ich konnte es gar nicht glauben, dass er sie mir nun schenkte. Sie sahen richtig toll aus und waren im Gegensatz zu meiner gestohlenen Jacke aus feinstem Leder gearbeitet. Als wir uns voneinander verabschiedeten, begleitete er mich vors Haus, weil er mir unbedingt noch den luxuriösen Bürokomplex zeigen wollte, den er nebenan gerade gebaut hatte. Ich begriff, dass er damit prahlen wollte. Aber da machte ich nicht mit. Ich weigerte mich, das Gebäude zu betreten. Ich war hocherfreut über die beiden Jacken, doch seinem Ego schmeicheln wollte ich nicht.

Das Geld hält niemals das, was es verspricht. Als Andrew Carnegie (1835 - 1919) in seinen letzten Lebensjahren einmal gefragt wurde, wie es sich anfühle, der reichste Mensch der Welt zu sein, da soll er geantwortet haben: „Wenn ich noch einmal die Chance hätte, dann würde ich alles ganz anders machen."

Die Gier nach dem Geld hat ungeheures Leiden auf die Erde gebracht. In der historisch belegten Menschheitsgeschichte haben lt. einer Statistik 15.000 Kriege stattgefunden, denen ca. 3,5 Milliarden Menschen zum Opfer gefallen sind. Da es immer um wirtschaftliche oder machtpolitische Interessen ging, ging es letztlich immer um Geld.

Ich kann zum Thema Geld so viel schreiben, wie ich will. Unser Ego wird sich immer an seine schönen Vorstellungen von Reichtum und Besitz klammern. Daher sitzen wir in der Falle und lassen unser Leben von unseren Begierden beeinflussen. Bitte versteh mich nicht falsch. Ich mag Geld, aber die Gier danach ist krank. Wenn Du ein gesundes Verhältnis zum Geld haben willst, dann musst Du Dir Deiner Gier danach bewusst werden. Dann gewinnst Du einen Selbstwert, den Du weder mit Geld noch Besitz kaufen kannst.

Einmal trafen sich ein Pastor, ein Pfarrer und ein Rabbiner in einem Zugabteil. Fragte der Jude: „Meine Herren, wie gehen Sie eigentlich mit der Kollekte um?" Antwortete der Pfarrer: „Ich zeichne einen Kreis, werfe das Geld nach oben und was nach dem Herunterfallen im Kreis liegen bleibt, gehört Gott." Sagte der Pastor: „Ich zeichne auch einen Kreis und werfe das Geld nach oben, jedoch gehört Gott das, was außerhalb des Kreises liegen bleibt." Als die beiden den Rabbiner anschauten, lächelte dieser und sagte: „Ich brauche keinen Kreis. Ich werfe das Geld nach oben und rufe: Nimm Dir, was Du haben willst."

Sicherheit/Selbstsicherheit

Sicherheit ist ein Zustand, in dem man sich vollkommen sicher fühlt. Da sich das Leben aber jederzeit in jede x-beliebige Richtung verändern kann, gibt es nur einen Ort, an dem man völlig sicher ist, nämlich in einem Grab auf dem Friedhof.

Die Immobilienkrise, die im Herbst 2008 in den USA ausbrach, zeigt uns die Unsicherheit materieller Werte. In den Jahren um den Jahrtausendwechsel wurden wegen der niedrigen Zinsen Darlehen an Personen vergeben, die nur über eine eingeschränkte Bonität verfügten. Die Immobilienmakler lockten Maurer, Putzfrauen und Erntehelfer: „Wenn Ihr ein Haus für 200.000 Dollar kauft und den Kredit nicht zurückzahlen könnt, dann macht das nichts. Die Preise werden steigen und das Haus wird in fünf Jahren 300.000 Dollar wert sein. Dann geben Euch die Banken neue Kredite." Tatsächlich stiegen die Preise. Doch irgendwann waren die Märkte übersättigt und die Preise fielen. Als Millionen von Amerikanern ihre Hypotheken nicht mehr zahlen konnten, brachen die Aktienkurse ein. Aber nicht nur in den USA, sondern in der ganzen Welt. Denn die findigen Banker hatten die Hypotheken in Wertpapiere gebündelt und den Versicherungen und Investmentfonds in aller Welt angedreht.

Hast Du eine Vorstellung vom Volumen dieser Krise? Ende 2009 standen in den USA rund fünf Millionen Häuser und Eigentumswohnungen leer. Durchschnittlich hatte jedes Objekt 212.000 Dollar gekostet. Das machte summa summarum über eintausend Milliarden Dollar.

Wir suchen jedoch nicht nur nach physischer, sondern auch nach psychischer Sicherheit. Denn wir glauben unerschütterlich, dass Selbstsicherheit die Türen zum Erfolg öffnet. Einmal bestiegen drei Frauen mein Taxi. Sie waren chic in dunkelblauen Kostümen gekleidet und man sah ihnen an, dass sie auf der Karriereleiter nach oben wollten. Nachdem sie mir ihr Fahrtziel genannt hatten, begannen sie umgehend, über irgendwelche Arbeitskolleginnen herzuziehen. Da mich der Tratsch nicht interessierte, konzentrierte ich mich auf den Verkehr. Als ich nach der Tivolibrücke rechts abbiegen wollte, blickte mich meine Sitznachbarin scharf an und meinte: „Sie fahren hier aber bitte geradeaus." Als ich sie darauf hinweisen wollte, dass der Weg durch den Englischen Garten für den Autoverkehr gesperrt sei, fiel sie mir ins Wort und wies mich zurecht: „Diskutieren Sie nicht herum und tun Sie genau das, was ich Ihnen sage!" Während ich also nachgab und geradeaus weiterfuhr, warf sie vielsagende Blicke nach hinten.

Bald erreichten wir die Stelle, wo die weitere Durchfahrt verboten war. Ich brachte das Taxi zum Stehen und fragte: „Was nun?" Genüsslich blickte ich meinen Fahrgast an. Unsicherheit lugte unter ihrer selbstsicheren Maske hervor und sie begann, hektisch nachzudenken. Dann kam ihr die rettende Idee: „Es ist doch nicht weit nach Schwabing oder?" Bevor ich antworten konnte, drehte sie sich um und forderte ihre Kolleginnen auf: „Kommt, den Rest machen wir zu Fuß." Sie zahlte und die drei Karrierefrauen stiegen

134

aus. Schadenfreude erfüllte mich, denn der Weg war weit und sie würden zu spät zu ihrem Termin kommen.

Der Grieche Demosthenes (384 v. Chr. – 322 v. Chr.) zeigte, dass sich Minderwertigkeitsgefühle kompensieren lassen. Da er als junger Mensch stotterte, ging er täglich ans Meer und übte unerlässlich, mit seiner Stimme gegen Wind und Wellen anzukommen. So wurde er schließlich zum bedeutendsten griechischen Redner. Seine Minderwertigkeitsgefühle wurde er auf diese Weise aber nicht los. Wenn er keine Reden hielt, dann stotterte er wieder.

Auch ein Freund in meiner Jugendclique kompensierte seine Hemmungen. Zu diesem Zweck hatte er sich verschiedene Gesten angewöhnt. So fummelte er z.B. ständig an seinem Schnurrbart herum, wenn ihm irgendetwas peinlich war. Und ihm war fast alles peinlich. So gehemmt er auch war, hat er doch niemals resigniert. Nach seinem Studium arbeitete er zunächst für ein großes deutsches Medienunternehmen. Dann wanderte er in die USA aus und gründete einen kleinen wissenschaftlichen Verlag. Er heiratete, bekam zwei Kinder und gilt als erfolgreicher Mann. Kürzlich hörte ich aber, dass er immer noch an seinem Schnurrbart herumfummelt.

Alkohol und Drogen sind gesundheitsschädliche, jedoch häufig beschrittene Wege, um Minderwertigkeitsgefühle loszuwerden. Es ist allgemein bekannt, dass sich viele Menschen Mut antrinken. Das Problem dabei ist die entstehende Sucht, aus der man nur schwer wieder herauskommt.

Einmal habe ich einen Artikel über die Versagensängste von Geistesgrößen gelesen. So soll der weltberühmte Vincent van Gogh so stark an sich gezweifelt haben, dass er im Alter von dreißig Jahren nochmal Malkurse für Anfänger belegte. Sein Gefühl der Minderwertigkeit spiegelte sich in seiner bitteren Armut wider. Er beendete sein unerträgliches Leben schließlich durch Selbstmord.

Der englische Naturforscher Isaac Newton soll sich so minderwertig gefühlt haben, dass er sich vor öffentlicher Kritik fürchtete. Daher häufte er seine Arbeiten über Optik, Mechanik und Mathematik lieber jahrelang auf seinem Schreibtisch an, anstatt sie zu veröffentlichen.

Der Psychologe Alfred Adler behauptete einst, dass wir alle unter Minderwertigkeitsgefühlen leiden. Wer in seiner Kindheit den Ansprüchen seiner Eltern oder eines Elternteils nicht gerecht werden konnte, selten gelobt und häufig kritisiert wurde und in der ständigen Angst lebte, etwas falsch zu machen, der ist geradezu prädestiniert für ein solches Gefühl. Aber auch das Gegenteil könnte zutreffen: Wer in der Kindheit allzu sehr verwöhnt und auf den hohen Sockel gestellt wurde, kann später Angst haben, diesem Anspruch nicht gerecht zu werden.

Die Psychotherapie hat verschiedene Therapien entwickelt, um Minderwertigkeitsgefühle zu überwinden. Bei der Autosuggestion z.B. geht es darum, sich selbst ermutigende und aufbauende Sätze vorzusagen. Man sieht manchmal in Spielfilmen, dass jemand auf der Toilette vor dem Spiegel steht und eine selbstbewusste Haltung einübt. Meistens kommt dann jemand rein und die Zuschauer schmunzeln.

Manche Therapeuten bieten Kurse an, in denen man seine Kommunikation verbessern kann. Dahinter steckt die Erkenntnis, dass Menschen mit Minderwertigkeitsgefühlen oft verbal signalisieren, dass sie sich den anderen unterlegen fühlen.

Eine weitere Möglichkeit, sein Minderwertigkeitsgefühl loszuwerden, besteht darin, Integrität zu erlangen. Man soll lernen, sich selbst zu schätzen und zu seinen Werten und Überzeugungen zu stehen. Doch welche Methode man auch immer anwendet, die Minderwertigkeitsgefühle kümmern sich nicht darum. In völlig falschen Momenten tauchen sie immer wieder auf.

In der Psychotherapie geht es darum, Stärke zu zeigen. Das macht Sinn, doch was ist mit unseren Schwächen? Gehören sie nicht ebenso zu uns, wie unsere Fähigkeiten und Talente? Daher kann man das Problem erst vollständig lösen, wenn man auch seine Schwächen akzeptiert.

Wer sich als Versager fühlt, muss wissen, dass er sich durch die Brille vergangener Erfahrungen bewertet. Vielleicht wurde er von seinen Eltern, Lehrern oder sonstigen Bezugspersonen kleingemacht. Wenn er sein Minderwertigkeitsgefühl jedoch annimmt und geduldig fühlt, bis er mit ihm verschmilzt, dann kommt er mit seiner ureigenen Stärke in Berührung. Nun kann er sich entspannen und den lieben Gott einen guten Mann sein lassen. Das kann doch nicht so schwer sein.

Selbstbewusstsein

Beim Begriff „Selbstbewusstsein" geht es nach allgemeiner Definition nicht darum, sich seines wahren Selbst bewusst zu sein, sondern um das Überzeugtsein von seinen Fähigkeiten bzw. von seinem Wert als Person. Im Internet finden sich viele Informationsseiten mit Tipps und Tricks, wie man dieses Selbstbewusstsein stärken kann. Übrigens besteht zwischen Selbstsicherheit und Selbstbewusstsein kein großer Unterschied.

Psychologen glauben, dass sich das Selbstbewusstsein in der Kindheit bildet. Abgesehen davon gibt es aber auch ein genetisches Programm, das ein starkes Selbstbewusstsein hervorbringt. Wer ein solches besitzt, geht bereits von früh an selbstsicher auf das Leben zu.

Wenn man Kinder beim Spielen beobachtet, dann fallen einem drei Gruppierungen auf. In der Kleinsten befinden sich die Kinder, die ein angeborenes Selbstbewusstsein besitzen. Sie haben eine hohe Meinung von sich und übernehmen ganz selbstverständlich die Chefrollen. In der größten Gruppe befinden sich die Angepassten, die den Befehlen ihrer Anführer folgen. In der mittleren Gruppe sind die Individualisten, die zwar mitspielen, sich aber nichts sagen lassen. Häufig setzen sie sich für die Schwächeren ein.

Die psychologischen Ratgeber im Internet schlagen zur Stärkung des Selbstbewusstseins zahlreiche Affirmationen vor, wie z.B.: „Denke positiv … sieh

Dir in einem Spiegel tief in die Augen und sage Dir dabei: Ich bin einzigartig und akzeptiere mich so, wie ich bin … nimm eine gerade Körperhaltung ein … rede und denke niemals schlecht über Dich … kritisiere Dich nicht selbst." Diese Vorschläge taugen letztlich ebenso wenig, wie die guten Vorsätze, die man sich am Silvesterabend vornimmt.

Anfang 1978 suchte ich einen Zauberladen auf. Ich hatte im Fernsehen einen Zauberer gesehen, der mich stark beeindruckt hatte. Nun wollte ich mir ein paar Utensilien besorgen, um ebenso selbstbewusst aufzutreten. In dem Laden entdeckte ich aber einen Flyer, der ein Zauberseminar ankündigte. Da dieses in meiner Geburtsstadt Bad Wörishofen stattfinden sollte, dachte ich mir, dass das ein gutes Zeichen sei. Ich meldete mich daher prompt an. Ein paar Wochen später saß ich mit ein paar anderen Zauberlehrlingen in dem Unterrichtsraum des Magiers. Dort sollten uns an einem Wochenende ein paar einfache Zaubertricks beigebracht werden. Der Zauberlehrer schärfte uns ein, die Kunststücke erst dann vorzuführen, wenn wir die Tricks sicher beherrschten.

Gleich am Samstagabend besuchte ich meine Stammdisco. Ich wollte eines der hübschen Mädels mit einem Trick beeindrucken. Ich schaute mich um und entdeckte eine Blondine, die an einem Pfeiler lehnte und rauchte. Ich trat auf sie zu und bat sie um ihren Glimmstängel. Dann begann meine Show. Mit verschwörerischen Gesten steckte ich ihre Zigarette in meine leicht geöffnete Faust. Dort hatte ich ein kleines Utensil versteckt, welches an einem Gummizug befestigt war. Während ich meinen Körper im

Rhythmus der Musik wiegte, beäugte mich die Blonde misstrauisch. Selbstbewusst schloss ich meine Faust und ließ das Utensil los. Doch anstatt in meinem Sakkos zu verschwinden, verhedderte es sich am Ärmel und die Zigarette fiel Glut staubend zu Boden. Blondie wurde sauer und fragte mich, ob ich sie verarschen wollte. Da zog ich den Schwanz ein und fuhr frustriert nach Hause.

Am nächsten Tag wurden uns noch verschiedene andere Tricks beigebracht. Wir lernten z. B., wie man Wasser in eine Zeitung gießen kann. Doch irgendwie hatte ich mein Interesse an der Zauberei verloren. Das Selbstbewusstsein beim Zaubern basierte auf Üben, Üben und noch mal Üben. Ich dagegen war auf der Suche nach einem Selbstbewusstsein, das authentisch und spontan von innen kam.

Als wir 1985 für unbestimmte Zeit in die USA flogen, wurde mir eines Tages ein Selbstbewusstsein vorgeführt, das mir echt vorkam. Aber wer weiß, vielleicht war es ja auch nur einstudiert. Jedenfalls hatten wir südlich von Los Angeles in Laguna Beach eine Wohnung gemietet und ließen es uns gut gehen. Als uns langsam das Geld ausging, studierte ich in einer Zeitung Stellenangebote für Gebrauchtwagenverkäufer. Ich rief schließlich bei einem der Autohändler an und vereinbarte einen Vorstellungstermin. Am nächsten Tag fand mich in den luxuriösen Räumen eines Gebrauchtwagenhändlers wieder.

Als ich zur Tür des Managers eintrat, erhob sich ein farbiger Zweimeterriese und schüttelte mir freundlich die Hand. Er war elegant gekleidet und sah dazu noch blendend aus. Ich hatte mir extra einen neuen Pullunder gekauft, doch fühlte ich mich neben seiner imposanten Erscheinung ein wenig schäbig. Nun begann das Interview und er wollte dies und jenes wissen. Dann kam er zu seiner eigentlichen Frage: „Was würdest Du tun, wenn ich Dich aggressiv kritisieren würde?" Mir blieb die Spucke weg, denn diese Frage hatte ich nicht erwartet. Da antwortete ich: „Das würde mich verletzen." In seinen Augen erkannte ich augenblicklich, dass dies die falsche Antwort war. Da fragte ich ihn schnell: „Wie würdest Du Dich denn fühlen, wenn ich Dich aggressiv kritisieren würde?" Da konterte er völlig unbeeindruckt: „Fantastisch, ich würde herausfinden wollen, was ich besser machen könnte." Da war ich platt und den Job los, bevor ich ihn hatte.

Die Grundbedingung für ein echtes Selbstbewusstsein besteht darin, ehrlich zu seinen Schwächen zu stehen. Daher hätte ich den Zweimetermann mit folgendem Satz doch noch überzeugen können: „Ich sehe, dass ich noch eine Menge lernen kann von Dir!" Aber dazu braucht es auch eine gewisse Schlagfertigkeit. Und die habe ich einfach nicht.

Das folgende Beispiel zeigt, wie sehr man sich von einem aufgesetzten Selbstbewusstsein täuschen lassen kann. Einmal bestiegen drei dynamisch wirkende Herren mein Taxi. Es war ein schöner Spätsommertag und plötzlich summte eine Biene im Wagen herum. Als sie meinem Ohr gefährlich nahe kam, zuckte ich zusammen. Da beruhigte mich mein Sitznachbar: „Bleiben Sie ganz entspannt, dann geschieht Ihnen nichts." Ich zwang mich also zur Ruhe und tatsächlich, bald darauf flog die Biene zur Windschutzscheibe. Erleichtert sagte ich zu meinem Fahrgast: „Das ist ja noch mal gut gegangen." Er erwiderte im Brustton tiefster Überzeugung: „Immer die Ruhe bewahren, das ist das beste Rezept im Leben." Was für ein Mann! Ich blickte ihn bewundernd an.

Plötzlich interessierte sich die Biene für die bunte Krawatte meines Fahrgastes. Als sie sich darauf niederließ, freute ich mich auf seine Demonstration entspannter Gelassenheit. Doch stattdessen schlug er hysterisch nach dem Insekt. Entgeistert blickte ich ihn an. Da schaute er kläglich nach unten und sagte: „Tut mir Leid, aber die wollte mich gerade stechen." Ich blickte in den Rückspiegel, doch die beiden Herren starrten ausdruckslos vor sich hin. Beim Bezahlen hatte sich der Herr wieder gefangen und wirkte souverän wie zuvor. Doch die Biene lag tot auf der Fußmatte.

Ist unser Selbstwertgefühl schwach, sollten wir der Welt nicht vorspielen, dass wir stark sind. Früher oder später entlarven wir uns immer selbst. Und dann kann es ziemlich peinlich werden. Akzeptiere Dich einfach so, wie Du bist. Setz Dich hin und hinterfrage, warum Du Dich so klein fühlst. Wenn Dir die Person oder die Geschichte in den Sinn kommt, die dafür verantwortlich war, dann nehme dieses Gefühl an. Lass es sich ganz ausbreiten in Deinem Körper und fühle es, bis Du mit ihm verschmilzt. Dann verwandelt sich Deine Schwäche nach und nach in eine wunderschöne sensible Kraft.

Erwartungen

Erwartungen und Enttäuschungen sind zwei Seiten derselben Münze. So kannst Du nur enttäuscht werden, wenn Du Erwartungen hast. Als ich 1979 in Pune war, besuchte ich gelegentlich die Einkaufsmeile in der Mahatma Gandhi Road. Dort wimmelte es nur so von Cafés, Restaurants und allerlei Geschäften.

Einmal betrachtete ich die Auslagen eines Asiatika Ladens. Sofort eilte der Händler heraus und bat mich herein. Da ich jedoch nichts kaufen wollte, lehnte ich dankend ab. Er ließ sich jedoch nicht beirren und lockte mich mit einer Tasse Chai. Da gab ich nach und betrat sein Geschäft. Drinnen hieß er mich auf einem Schemel Platz nehmen. Dann klatschte er in die Hände und augenblicklich erschien ein Angestellter und schenkte mir eine Tasse Chai ein. Dann erschien ein weiterer Angestellter und breitete verschiedene Asiatika vor mir aus. Während ich meinen Chai schlürfte, pries mir der geschäftstüchtige Mann seine Kostbarkeiten an.

Nachdem ich ausgetrunken hatte, bedankte ich mich herzlich und wollte gehen. Doch der Händler klatschte wieder in die Hände und ließ noch mehr von den Buddha Statuen, tibetischen Thangkas, Elefanten aus Elfenbein und kostbaren Vasen vor mir auftürmen. Dann schaute er mich an und machte mir ein unglaubliches Angebot: Alles zusammen für nur eintausend Dollar. Als ich dankend ablehnte, senkte er seinen Preis umgehend um dreißig Prozent. Ich versicherte ihm jedoch, dass ich nichts kaufen wollte. Das wiederum animierte ihn zu immer weiteren

Preisnachlässen. Bald war er bei sage und schreibe 120 Dollar angelangt. Mir wurde klar, dass er es jetzt auf 100 Dollar abgesehen hatte. Doch ebenso klar war jetzt, dass es sich hier um Touristenramsch handelte. Als er mich aufforderte, meinen Preis zu nennen, wusste ich nicht, wie ich mich aus der Affäre ziehen sollte. Mein Blick wanderte hilflos über die Kannen, Gefäße, Teller und Figuren. In diesem Moment betrat ein neuer Kunde den Laden und lenkte die Aufmerksamkeit meines Peinigers für einen Moment ab. Sofort nutzte ich die günstige Gelegenheit und machte mich aus dem Staub. Nie werde ich den verächtlichen Blick vergessen, den er mir zuwarf, als er mich einige Tage später auf der anderen Straßenseite vorübergehen sah. Ich hatte seine Erwartungen wohl bitter enttäuscht.

Ich erinnere mich an die Winterolympiade 2010 in Vancouver. Die Goldmedaille im Eiskunstpaarlauf schien für das deutsche Eislaufpaar Sawtschenko/Szolkowy reserviert zu sein. Doch als Robin Szolkowy stürzte, platzte der schöne Traum. Als dem deutschen Paar die Bronzemedaille überreicht wurde, wirkte ihre Freude aufgesetzt. Deutlich konnte man ihre Enttäuschung unter ihrer lächelnden Maske erkennen.

Mein Vater warf mir einmal vor, die größte Enttäuschung seines Lebens gewesen zu sein. Aus seiner Sicht hatte er alles getan, um mir einen Beruf zu ermöglichen, der mir ein gutes Einkommen garantiert hätte. Dass er seinen eigenen Wunsch nach Sicherheit und gesellschaftlicher Anerkennung auf mich projizierte, war ihm jedoch nicht klar.

Mein Vater hieß mit Vornamen Michael. Das Wort kommt aus dem Hebräischen und bedeutet „Wer ist Gott?" Die Namensbedeutung war mir damals leider nicht bekannt, denn sonst hätte ich ihm gesagt, dass Enttäuschungen vom Standpunkt des inneren Wachstums weitaus wertvoller sind, als Sicherheit und gesellschaftliche Anerkennung. Denn mit seinen Enttäuschungen zu verschmelzen, bringt uns tief in den Raum unseres Herzens. Dort wo wir eins sind mit Gott. Doch was hätte mein Vater geantwortet? „Alles schön und gut, aber ein guter Beruf kann nicht schaden!" Da hätte er natürlich auch wieder recht gehabt.

Meditation

Das Wort „Meditation" kommt aus dem Lateinischen und bedeutet „nachdenken, nachsinnen, überlegen." Doch diese Übersetzung trifft nicht den Punkt. Meditation ist kein Tun, sondern einfach nur ein passiver Zustand der Beobachtung. Ob gehen, essen, trinken, arbeiten, atmen, denken oder lachen, wenn wir alles mit Aufmerksamkeit tun würden, dann wären wir in ständiger Meditation. Da ich dieses hohe Maß an Aufmerksamkeit jedoch nicht besaß, musste ich mit Meditationstechniken vorlieb nehmen. Darunter waren z.B. Kundalini, Dynamische Meditation, Nadabrahma, Nataraj, Tratak, Mandala, Spiegelmeditation, Shiva-Netra und Gourishankar.

Was ist das Ziel der Meditation? Während es im Westen um Entspannung und allgemeines Wohlbefinden geht, dient sie dem Osten als spirituelle Praxis, um Erleuchtung bzw. Nirwana zu erlangen. Osho bezeichnete die Meditation als Wissenschaft der Bewusstheit.

Ende des 8. Jahrhunderts lebte in Indien ein Mann namens Saraha. Er war Sohn einer gebildeten Brahmanenfamilie und der König war bereit, ihm seine Tochter zur Frau zu geben. Doch Saraha wollte der Welt entsagen und wurde Jünger eines Buddhisten. Eines Tages sah Saraha auf dem Marktplatz eine Frau, die völlig in ihre Arbeit als Pfeilmacherin vertieft war. Saraha fühlte sich sofort zu ihr hingezogen und schaute ihr gebannt zu. Als der Pfeil fertig war, schloss sie das eine Auge und öffnete das andere. Sie nahm eine Haltung ein, als würde sie ein unsichtbares

Ziel ins Visier nehmen. In diesem Moment begriff Saraha die spirituelle Dimension dieser Handlung. Er hatte schon viele Male davon gehört, genau in der Mitte zu ruhen. Doch nun hatte er es zum ersten Mal verstanden.

Wissenschaftler haben die Wirkung der Meditation auf den Körper untersucht. Dabei haben sie festgestellt, dass beim Meditieren Blutdruck, Herzfrequenz und Sauerstoffverbrauch sinken. Damit hilft die Meditation gegen die Auswirkungen von Stress. Neurologen haben zudem herausgefunden, dass sich beim regelmäßigen Meditieren die Architektur des Gehirns verbessert. Dann nämlich weisen die Hirnregionen für Aufmerksamkeit deutlich mehr Nervenschaltungen auf, als bei nicht meditierenden Vergleichspersonen.

Auf der Suche nach einer passenden Meditationstechnik habe ich in den 1990er Jahren die 112 Techniken im „Buch der Geheimnisse" gelesen. Die 51. Technik lautete: „Einen lang vermissten Freund freudig begrüßend, nimm die Freude in Dir auf." Da ich nicht monatelang warten wollte, bis mir ein lang vermisster Freund über den Weg laufen würde, habe ich diese Technik damals verworfen. Ich hatte mir jedoch nicht die Mühe gemacht, den kompletten Text zu lesen. Sonst wäre mir diese Stelle aufgefallen: „Benutzt diese Technik bei jedem Gefühl, das aufkommt, sei es negativ oder positiv, und Ihr werdet eine umwälzende Verwandlung durchmachen."

Heute ist mir diese Technik zur natürlichen Gewohnheit geworden. Allerdings entspricht sie nicht dem Bild, das wir von der Meditation haben. Wir müssen nicht in der korrekten Positur dasitzen und uns bemühen, unsere Gedanken auszuschalten. Stattdessen wird diese Technik mitten im Leben ausgeübt. Sie fordert Dich auf, augenblicklich mit Deinen Emotionen in Verbindung zu treten, sobald sie in Dir auftauchen. Sei also nicht eingeschnappt, wenn Dich jemand verletzt, sondern richte Deine Aufmerksamkeit augenblicklich auf Deinen inneren Schmerz. Dann bist Du in Meditation. Wenn Dir diese Methode gefällt, dann probiere sie eine Zeitlang aus. Und wenn sie zu Dir passt, dann kannst Du mit ihr bis an Dein Lebensende arbeiten.

Der Unterschied zwischen einem Erleuchteten und Dir besteht nur darin, dass Du Dich mit Deinen Emotionen identifizierst. Der Erwachte dagegen bleibt einfach nur Beobachter. Mache es genauso: Lasse Dich nicht mechanisch zu Gefühlsausbrüchen hinreißen, sondern habe den Mut, Deine Emotionen in aller Ruhe zu betrachten. Dann bist Du der Erleuchtung nahe.

Treffen sich zwei alte Freunde. Fragt der eine: „Wie geht es Dir?" „Danke, gut. Es läuft so, wie immer." „Und ist Dein Sohn immer noch arbeitslos?" „Ja leider, aber er meditiert jetzt." „Meditieren, was ist denn das?" „Ich weiß nicht genau, aber er sagt, dass das besser sei, als einfach rumsitzen und nichts tun."

Die Geschichten in unserem Leben

Unser Leben ist eine Perlenkette aus unzähligen Geschichten. Sie beschäftigen uns eine Zeit lang und dann vergessen wir sie wieder. Doch wenn Du genau hinschaust, dann erkennst Du, dass es von Deinen Emotionen abhängt, ob Du diese Geschichten magst oder nicht.

In München muss jeder Taxifahrer alle fünf Jahre zur Behörde, wenn er seinen Fahrgastbeförderungsschein verlängern will. Zu diesem Zweck muss er sich einer amtsärztlichen Untersuchung unterziehen. Gibt es keine Beanstandungen, prüft das Kreisverwaltungsreferat München abschließend noch die charakterliche Eignung des Fahrers.

Meine Akte war vollgefüllt mit Briefen von Fahrgästen, die sich bei der Taxizentrale über mich beschwert hatten. Daher wollte das Kreisverwaltungsreferat meinen Taxischein nur noch verlängern, wenn ich mich per Unterschrift bereit erklärte, diesen bei der nächsten Beschwerde abzugeben.

Ich war kein bösartiger Taxifahrer gewesen, doch manchmal hatte ich mir gewisse Freiheiten herausgenommen. Z. B. stieg einmal ein elegantes Paar in mein Taxi ein. Er war ein Angeber von der Sorte, die ich nicht leiden konnte. Aber seine Freundin gefiel mir. Um ihr zu imponieren, verlangte ich, dass er seine Zigarette ausmachte. Ich selber rauchte natürlich seelenruhig weiter. Vier Wochen später wurde ich zur Taxizentrale zitiert, denn der Mann hatte sich über mich beschwert.

Nun saß ich also wegen der Verlängerung des Fahrgastbeförderungsscheins im Kreisverwaltungsreferat, wo der Sachbearbeiter die besagte Unterschrift von mir forderte. Obwohl mir angst und bange war, verweigerte ich diese trotzig. Nach einigem Hin und Her packte er plötzlich meine Akte und verließ das Zimmer. Nun schwitzte ich Wasser und Blut. Ich hatte meine Familie zu ernähren und konnte es mir nicht leisten, meinen Taxischein zu verlieren. Als er zurückkam, musste ich mir zunächst seine Belehrungen anhören. Dann jedoch erteilte er mir ohne jeden weiteren Kommentar die Verlängerung. Ich war völlig überrascht und weiß bis heute nicht, warum er seine Meinung geändert hatte. Vielleicht fehlte ihm die gesetzliche Grundlage für seine Anweisung oder ich hatte einfach meinen Glückstag.

Sigmund Freud, der als Begründer der Psychoanalyse gilt, versuchte seelische Zustände zu heilen, indem er die Vergangenheit seiner Patienten behandelte. Die folgenden Generationen der Psychoanalytiker entwickelten seine Ideen weiter. Die Leitidee dabei blieb jedoch der Glaube, dass sich der Schlüssel zur seelischen Heilung in der Aufarbeitung traumatischer Lebensgeschichten verbirgt.

Die Psychologie der Buddhas hat einen ganz anderen Ansatzpunkt. Für sie sind alle Geschichten Vergangenheit. Die Botschaft dabei ist, dass Du einfach im Hier und Jetzt leben sollst. Wenn Dir

Geschichten nachhängen und dabei störende Emotionen auftauchen, dann kannst Du sie mit der von mir vorgestellten Meditationstechnik einfach auflösen.

Einmal lief mir ein alter Bekannter über den Weg. Mir fiel sofort auf, dass er völlig geknickt war. Als ich ihn fragte, was denn los sei, erzählte er mir seine Geschichte. Ein paar Jahre zuvor hatte er seine Frau wegen einer Jüngeren verlassen und mit ihr ein tolles Leben gehabt. Doch nun hatte sie ihn ihrerseits wegen eines anderen Mannes sitzen lassen und seine Welt war zusammengebrochen. Als ich ihn fragte, ob er bereit sei, seine Gefühle anzunehmen, winkte er verständnislos ab. Er war in seiner Geschichte gefangen und so sehr mit seinem Selbstmitleid beschäftigt, dass er mir gar nicht zuhören konnte.

Wir alle sind in Lebensgeschichten verstrickt, die uns oft belasten. Wenn Du wirklich intelligent bist, dann lass Dir Dein Leben nicht von Deinen Geschichten vermiesen. Genieße jede Geschichte, denn nicht jede Geschichte kann schön sein. Wenn sie Dir allzu sehr gegen den Strich geht, dann nimm die Emotionen an, die aus ihr entstehen. Denn nicht die Geschichten belasten Dich, sondern Deine Gefühle.

Spiritualität

Es gibt materielle und spirituelle Menschen. Wer zu welcher Gruppierung gehört, ist jedoch keine Sache, die wir selbst entscheiden. Sie wurde uns wahrscheinlich schon in die Wiege gelegt. Doch eines haben beide Gruppen gemeinsam: Sie sind auf der Suche nach dem Glück. Der Weg, der dorthin führt, könnte unterschiedlicher nicht sein. Während der materielle Mensch in äußeren Werten sucht, schaut sich der spirituelle Mensch in seinem Inneren um.

Es war einmal eine Frau, die hieß Rabia. Sie war Näherin und lief eines Tages vor ihrem Haus herum und suchte nach ihrer Nähnadel. Einige Leute blieben stehen, um ihr beim Suchen zu helfen. Nach einer Weile fragte einer, ob sie denn nicht wüsste, wo sie die Nadel ungefähr verloren habe. Da antwortete sie: „In meinem Haus." Da sagten die Leute: „Wir haben Dich schon immer für etwas verrückt gehalten. Aber das ist jetzt der endgültige Beweis. Du hast Deine Nadel im Haus verloren und suchst sie hier draußen?" Rabia aber war in Wirklichkeit eine Sufi-Mystikerin und erleuchtete Frau. Daher antwortete sie: „Was mache ich denn anderes als Ihr? Ihr habt Eure Seligkeit verloren und sucht sie auch ständig draußen in der Welt und nicht in Eurem Inneren."

Alle Menschen machen spirituelle Erfahrungen. Sie sind Hinweise darauf, dass es mehr gibt, als nur die physische Welt. Sie widerfahren uns in Augenblicken, in denen wir tief in Kontakt mit uns selbst sind. Z. B. machen Marathonläufer manchmal mitten im Lauf die Erfahrung, dass nicht sie es sind, die laufen, sondern dass sie gelaufen werden. Im Osten wird es so beschrieben: „Meditation ist, wenn der Tänzer verschwindet und nur noch der Tanz da ist."

Als Franz Beckenbauer das deutsche Team im Jahr 1990 zum Gewinn der Fußballweltmeisterschaft führte, da wurde er oft gefragt, was ihm durch den Kopf ging, als er nach dem Schlusspfiff seelenruhig durch das römische Stadio Olimpico spazierte. Der Kaiser konnte hierauf nie eine befriedigende Antwort geben. Während das ganze Stadion vor Begeisterung tobte, schlenderte er ohne jede erkennbare Regung über das Spielfeld. Filmaufnahmen aus dieser Zeit werden immer wieder im TV gezeigt und ich bin mir sicher, dass er in diesen Momenten in seinem Zentrum gewesen ist, dort wo die unbegreifliche Stille Gottes existiert.

Aus meiner Sicht ist es nicht nur für den spirituellen Menschen notwendig, Meditationstechniken auszuüben. Sie helfen uns, trotz einer gestressten Umwelt immer wieder in unsere Mitte zu kommen. Die Meditationstechnik, die ich in diesem Buch beschreibe, ist sehr praktisch. Sie hilft uns zu entspannen, wenn wir mit negativen Emotionen belastet sind. Daher ist diese Technik sowohl für alle Menschen geeignet. Letztlich dient sie uns damit, mit uns selbst in Einklang zu kommen.

Ein reicher Mann kommt zu einem spirituellen Meister. Er sagt zu ihm: „Sage mir, wo Gott wohnt und ich schenke Dir ein schönes Haus." Da antwortet der Meister: „Sage mir, wo Gott nicht wohnt und ich sorge dafür, dass du zwei Häuser bekommst."

Wahrheit

Die Frage nach der Wahrheit gehört zu den zentralen Themen der Philosophie und wurde von verschiedenen Schulen und Denkern unterschiedlich beantwortet. Da die Wahrheit mit dem Verstand jedoch nicht fassbar ist, ist sie uns letztlich immer ein Rätsel geblieben. Um sich der Wahrheit anzunähern, muss man zwischen absoluter und relativer Wahrheit unterscheiden. Absolut wahr ist z.B. Gott. Wollen wir Ihn jedoch beschreiben, reduzieren wir Ihn zu einer relativen Wahrheit. Denn dann müssen wir uns ein Bild von Ihm machen. Und Bilder sind immer nur Teile des Ganzen oder festgehaltene Zeit. Gott dagegen ist das allumfassende und ewige Ganze.

In der folgenden Geschichte geht es auch um die Wahrheit, doch sie zeigt, dass Wahrheit oft mit Ehrlichkeit verwechselt wird:

Als ich etwa sechs Jahre alt war, habe ich das Luftdruckgewehr meines Vaters hinter dem Schrank hervorgeholt und bin damit nach draußen gegangen. Dort lief mir ein Spielkamerad über den Weg, der eine Motorradbrille dabei hatte. Da mir diese gefiel, tauschte ich die Flinte gegen die Brille. Irgendwie muss mein Vater davon erfahren haben, denn als ich wieder zu Hause war, fragte er mich, wo das Gewehr geblieben sei. Sein Ton klang bedrohlich und ich bekam es mit der Angst zu tun. Ich log und sagte, dass ich es nicht wüsste. Da wurde mein Vater wütend und schrie mich an, dass ich die Wahrheit sagen soll. Meine Angst wurde immer größer, ich blieb jedoch bei meiner Lüge. Da bekam ich zum ersten Mal in meinem Leben eine Tracht Prügel. Nachdem ich geständig war, musste ich mit meinem Vater den Jungen aufsuchen und den Tausch rückgängig machen. Das war mir unendlich peinlich und außerdem trauerte ich der schönen Motorradbrille nach.

Um die endgültige Wahrheit zu finden, haben sich Menschen zu allen Zeiten gefragt: „Wer bin ich - wer ist Gott - was ist der Sinn des Lebens?" Man kann viel herumphilosophieren, doch letztlich ist die Wahrheit gedanklich nicht erfassbar. Sie kann nur erfahren werden. Selbsterkenntnis ist nichts anderes, als die Erkenntnis dessen, wer ich in Wahrheit bin. Wer sich selbst erkennt, hat jedoch Schwierigkeiten, diese Erfahrung in Worte zu fassen. Denn Worte können leicht missverstanden werden, die Wahrheit dagegen sprengt alle Grenzen.

Das größte Abenteuer im Leben ist weder ein Flug in den Weltraum, noch das Besteigen der höchsten Berge oder das Durchqueren von Wüsten, sondern die Reise nach innen. Denn dort macht man Erfahrungen, die man nicht einmal selbst verstehen kann. Doch Vorsicht, wenn man sich auf diesen Weg begibt, dann gibt es kein Zurück mehr.

Frieden

Frieden wird als Abwesenheit von Streit, Gewalt und Krieg definiert. Doch ist ein solcher Frieden nicht eher eine Art Waffenstillstand? Kleine Funken genügen manchmal, um neue Kämpfe entstehen zu lassen. Kriege toben nicht nur zwischen Nationen, Religionen und ethnischen Gruppen, sondern auch zwischen politischen Parteien, Fußballfans, Nachbarn und Ehepaaren. Und damit nicht genug, sogar jeder einzelne Mensch lebt im Kampf mit sich selbst.

Gerade als ich einmal an einer roten Ampel stand, wurde die Kreuzung von der Polizei abgeriegelt und eine Friedensdemonstration marschierte langsam vorbei. Während einer der Demonstranten sein Spruchband „Frieden für alle" in die Höhe hielt, schrie er ein Kind an, das heulend neben ihm herlief. War das nicht paradox?

In esoterischen Kreisen wird Frieden als Zustand der Stille angepriesen. Einmal traf ich im Taxi eine jüngere Frau, die furchtbar eingebildet tat, weil sie seit einiger Zeit meditierte. „Ach" sagte sie, „seit ich meditiere, bin ich so still und friedlich geworden." Da schaute ich sie an und sagte: „Ich kann Ihre Stille nicht erkennen." Da ärgerte sie sich und wurde ausfallend. Von Stille und Frieden war plötzlich nichts mehr zu merken.

Ich halte nachmittags gern ein Mittagsschläfchen. Es kommt manchmal vor, dass ich dabei gestört werde. Natürlich immer dann, wenn ich gerade in einen wohligen Schlaf versinke. Werde ich also jäh aus diesem Prozess herausgerissen, dann hinterlassen die chemischen Schlafsubstanzen, die ausgeschüttet wurden, eine Stimmung in mir, die ich als wortkarg und widerspenstig bezeichnen möchte. Ich habe versucht, diesen Zustand fühlend aufzulösen, doch das funktionierte nicht. Jenseits aller Störungen aber verschwindet die Stille als mein unendliches Selbst niemals aus meiner inneren Wahrnehmung. Und daher stört mich im Grunde keine wie auch immer geartete Störung.

Egal was Du tust, der Frieden ist immer in Dir. Selbst im größten Streit ist er da. Alles, was Du tun kannst, um Dir dessen bewusst zu werden, ist zu lernen, Deine Aufmerksamkeit nach innen zu richten. Wenn Dich dabei Gedanken stören, dann gehe ihnen einfach nicht nach. Sie kommen und gehen, wie die Wolken am Himmel. Wenn Du mit Deinen negativen Emotionen identifiziert bist, benutze die Meditationstechnik, über die ich hier so viel geschrieben habe. Irgendwann wirst Du auf den Frieden aufmerksam, der immer und ewig in Dir gegenwärtig ist. Dann kannst Du auf eine Art und Weise streiten, die Dir gefallen wird. Denn dann mag sich Deine Stimme erheben, innerlich aber bleibst Du ruhig und unbeteiligt.

Hier nun eine Geschichte, die sich in der Zukunft ereignet. Ort der Handlung: großer Ballsaal im berühmten Hotel King David, Jerusalem. Es kommt zu einem Treffen zwischen hochrangigen Vertretern des Juden- und Christentums. Zunächst erhebt sich Papst Pius XIII. und begrüßt die Anwesenden:

„Im Namen beider Weltreligionen heiße ich Sie, sehr verehrte Anwesende, herzlich in Jerusalem willkommen. Ganz besonders herzlich begrüße ich den sehr verehrten Oberrabbiner von Jerusalem, Herrn Moishe Schwarzkopf. Wir sind hier zusammengekommen, um unsere beiden Religionsgemeinschaften miteinander zu versöhnen. Mit dieser Tat loben wir unseren Herrn Jesus Christus, der uns die Nächstenliebe befiehlt. Dies ist ein historischer Augenblick und ich bitte Sie nun, sich zu erheben."

Nachdem sich alle Anwesenden erhoben haben, wendet sich der Papst an seine Schäflein und ruft: „Und nun tretet vor, Ihr Christen und reichet den Juden Eure Hände, damit sie Gelegenheit haben, sich zu entschuldigen, für den Mord an unserem Herrn."

Schlagartig breitet sich ein Tumult unter den Juden aus. Sie schreien wild durcheinander und man kann kein Wort verstehen. Dann plötzlich hört man einzelne Sätze heraus, wie, dass sie niemanden ermordet hätten und dass sie nicht hergekommen seien, um sich diese Frechheiten anzuhören. Die Christen schauen sich bestürzt an. Da erhebt Papst Pius XIII. seine Arme und ruft: „Haltet ein, meine Freunde. Ich muss Euch dringendst ersuchen, unserer Bitte nachzukommen." Doch die Juden schreien nur umso lauter, bis der Oberrabbiner von Jerusalem sie zum Saal hinaustreibt. Es ist nicht zu überhören, dass er draußen so lange herumbrüllt, bis sich endlich alle beruhigt haben. Dann erbittet er Vorschläge über die weitere Vorgehensweise. Da jedoch jeder eine andere

Meinung hat, geraten sich kurz darauf alle in die Haare.

Zwei Stunden später kehren sie mit blauen Augen und zerrissenen Gewändern zurück und teilen dem christlichen Oberhaupt mit, dass es vollkommen genügt, wenn ein Jude einem Christen die Hand reicht. Doch müssten sie erst noch den Juden finden, der sich für die Jahrhunderte langen Verfolgungen auch noch entschuldigen will.

Bald findet der israelische Geheimdienst in einem belgischen Altersheim einen schwerhörigen Juden namens Maurice Grienberg. Der versteht zwar nicht, worum es hier geht, doch er freut sich über das schöne Geld, das man ihm gegeben hat. Man fliegt ihn nach Jerusalem, wo es umgehend zur erneuten Zusammenkunft beider Parteien kommt.

Der Papst erhebt sich und stellt der jüdischen Fraktion den mürrisch dreinblickenden österreichischen Altbischof Dr. Adolf Gruber vor. Diesem soll der Grienberg die Hand zur Versöhnung reichen. Dann ruft der Papst: „Liebe Gläubige, wir wollen nun mit der Zeremonie beginnen." Da stellt sich heraus, dass der Maurice Grienberg verschwunden ist.

Als die israelische Polizei ihn im Foyer eines Luxushotels in Tel Aviv findet, weigert er sich mitzukommen, weil er gerade hinter der reichen Witwe her ist, die er auf dem Flug von Brüssel nach Israel kennengelernt hat. Man steckt ihn in einen Hubschrauber und fliegt ihn zurück nach Jerusalem. Unterwegs erinnert man ihn an die historische

160

Bedeutung und fordert ihn eindringlich auf, diesem Adolf Gruber die Hand zu reichen. Nach seiner Ankunft wird er unmittelbar in den großen Saal geführt, wo der Österreicher schon auf ihn wartet.

Nun beginnt der große Versöhnungsakt. Als sich die Beiden ihre Hände entgegenstrecken, lugt unter dem Ärmel von Gruber eine goldene Armbanduhr hervor. Dem Juden stockt der Atem. Er packt den Altbischof am Handgelenk, um das edle Stück zu prüfen. Da fährt dem Gruber das Blut in den Kopf und er schreit: „Was fällt Ihnen ein?" Doch der Grienberg zieht den Gruber zu sich und fragt: „Unter uns Bruder, was ist sie wert?" Da wird der Österreicher blass, dreht sich um und kehrt erbost zu den Seinen zurück.

Der Papst beruft sofort alle Schafe zur Beratung. Man kommt überein, dass dieses Verhalten nicht zu akzeptieren sei. Nach einer ausgiebigen Debatte wird beschlossen, dass eine Abreise unter diesen Umständen dringend erforderlich sei. Um die Entscheidung bekannt zu geben, kehrt man geschlossen in den Saal zurück.

In diesem Moment betreten zwei merkwürdige Gestalten den Festsaal. Einer trägt ein schmuddeliges Gewand und billige Latschen und der Andere sieht aus wie sein gütiger Vater. Die beiden Männer treten in die Mitte des Saales und der Jüngere wendet sich an die Christen und ruft ihnen zornig zu: „Seit über 2000 Jahren ärgere ich mich nun schon herum mit Euch. Habe ich Euch nicht damals schon gesagt, dass Ihr Euren Nächsten lieben sollt, wie Euch selbst?" Da macht es plötzlich Puff und sein gütiger Vater verschwindet wie von Zauberhand. Der Sohn ruft verzweifelt: „Vater, warum hast du mich verlassen?" Da fährt eine Stimme hernieder: „Weil du schon wieder anfängst mit der alten Leier." Und plötzlich ruft die Stimme: „Hört zu Ihr Juden, Ich, Euer Gott, habe mit Euch einen Bund geschlossen. Das wichtigste Gebot der Tora, das Ich Euch gab, war das der Nächstenliebe. Doch seit 2000 Jahren spottet Ihr über diesen Hippie hier, den Ich Euch gesandt habe." Die Juden schauen sich betreten an und beginnen zu grübeln. Da fährt Gottes Stimme fort: „Und nun zu Euch Ihr Christen: Warum betet Ihr den König der Juden an, verachtet jedoch sein Volk?" Da versinken diese vor Scham in den Boden. Und noch einmal erklingt die Stimme: „Hört, und es wird Frieden herrschen zwischen Euch!" Und dann erzählt Er diese Geschichte:

„Ein Jude zog in eine ziemlich katholische Gegend. Freitags wurden die Katholiken jedoch immer sehr nervös, weil während sie ihren Fisch aßen, der Jude genüsslich in seinem Garten saß und sich saftige Steaks grillte. Also suchten sie ihn auf und missionierten ihn zum Christentum. Da er nichts dagegen hatte, brachten sie ihn zu einem Priester. Dieser besprenkelte ihn mit gesegnetem Wasser und sprach: „Geboren als Jude ... gelebt als Jude ... und jetzt ein Katholik!" Die Katholiken waren begeistert: Keine verführerischen Gerüche mehr am Freitag. Doch am nächsten Freitag zog der Grillgeruch wieder wie üblich durch die Nachbarschaft. Die Katholiken rannten zum Hause des Juden und erinnerten ihn an seinen neuen Glauben. Da stand er auf, nahm eine Schale Wasser, sprenkelte es über das Fleisch und sprach: „Geboren als Rind ... gelebt als Rind ... und jetzt ein Fisch!"

Nach einem kurzen Moment des Schweigens brechen alle Anwesenden in schallendes Gelächter aus und Gott ruft erfreut aus: „Und nun reicht Euch die Hände und lasst Frieden herrschen auf der Welt." Da fallen sich alle jubelnd in die Arme und werden lange bezeugen, wie es war, als das wahre Tausendjährige Reich anbrach. Halleluja.

Der freie Wille

Ein guter Freund schrieb mir einmal, dass er beinahe regelmäßig Träume hat, die am nächsten Tag zur Realität werden. Das erweckte in ihm den Eindruck, dass alles, was geschieht, vorbestimmt ist. So ähnlich, wie ein Fluss, der sich in seinem festgelegten Flussbett bewegt. Mein Freund fand diese Vorstellung schockierend, weil, wie er es ausdrückte, mit dem freien Willen nun Pustekuchen sei. Andererseits jedoch fand er es beruhigend, weil dann kein Anlass zur Sorge besteht. Denn nun könnte er sich im Fluss des Lebens treiben lassen, ab und zu mal kräftige Schwimmbewegungen machen und dann wieder entspannen. Was nun Sache sei, wollte er wissen. Gibt es einen freien Willen oder nicht?

Diese Frage beschäftigt viele Menschen. Sie finden jedoch keine schlüssige Antwort, weil sie nicht erkennen, dass der freie Willen zwar existiert, jedoch keinen entscheidenden Einfluss auf das Schicksal hat. Daher ist man letztlich nicht seines Glückes Schmied. Hierzu eine kleine Geschichte, die ich einmal irgendwo gelesen habe:

Es war einmal ein König, der von einer Wahrsagerin den Zeitpunkt seines Todes erfuhr. Am besagten Tag nahm er sein schnellstes Pferd und ritt so weit weg, wie er nur konnte. Spät in der Nacht gelangte er in ein fremdes Reich. Er kehrte in eine Herberge ein, und als er sein Zimmer betrat, stand der Tod da und sagte: „Da bist Du ja. Ich dachte schon, Du kommst nicht mehr."

Aus dem chinesischen Dao bzw. Tao (der rechte Weg) kennen wir den Begriff „Wu wei". Dieser bedeutet: „Handeln durch Nichthandeln". Das will besagen, den Dingen die Möglichkeit zu geben, sich selbst zu entfalten. Man sagt der deutschen Bundeskanzlerin Angela Merkel nach, dass sie unangenehme Themen gerne aussitzt. Für mich ist das keine Handlungsunfähigkeit, sondern reines Wu wei. Irgendjemand sollte das mal der Presse sagen.

Im Grunde meines Wesens war ich schon immer ein Taoist. D.h. dass es mir immer lieber war, die Dinge von alleine geschehen zu lassen. Früher dachte ich immer, dass ich feige und faul sei, doch eines Tages begriff ich, dass in diesem Nichthandeln eine große Kunst liegt. Ein Zitat aus dem Zen-Buddhismus lautet:

Still sitzen
Nichts tun
Der Frühling kommt
Das Gras wächst von allein

Gott

Viele Menschen fragen sich, ob es eine Art übernatürliches Wesen gibt, das im Himmel sitzt und die Geschicke der Menschheit leitet. Ich kannte Juden, die nach dem Holocaust nicht gut auf Gott zu sprechen waren. Ihre Familienangehörigen waren ausgerottet und sie fragten sich verbittert, wie Er so etwas hat zulassen können – und fragten sich, ob es Ihn überhaupt gibt.

Nachdem meine Tochter Natalie im April 1976 zu ihrer Mutter gezogen war, gab ich meinen Laden auf und kaufte mir ein Charterticket nach Mallorca. Von dort aus flog ich nach Ibiza, wo ich Urlaub machen wollte. Bald lernte ich eine attraktive Holländerin kennen. Sie lebte und arbeitete auf der Insel und ich zog bei ihr ein. Anschließend verbrachten wir ein paar herrliche Wochen zusammen. An meinem letzten Ferientag musste ich mir ein Flugticket nach Mallorca besorgen. Leider waren alle Maschinen für den nächsten Tag ausgebucht. Daher wollte ich mir ein Schiffsticket kaufen. Doch hatte ich am Hafen auch kein Glück, weil am nächsten Vormittag keine Schiffe nach Mallorca fuhren.

Am nächsten Morgen war ich mit meinem Gepäck zeitig am Flughafen und ließ mich auf die Warteliste setzen. Ich weiß noch bis heute, dass ich die Nummer 32 auf dieser Liste war. Nachdem zwei Flugzeuge gestartet waren, waren von der Warteliste nur zwei Leute weggekommen. Da ich nun nervös wurde, empfahl mir die Stewardess, nach Barcelona zu fliegen. Sie meinte, dass ich von dort aus bessere Chancen hätte, nach Mallorca zu gelangen.

Es war mitten in den Sommerferien und als ich auf dem Flughafen von Barcelona landete, wimmelte es nur so von Menschen. Ich kam erneut auf eine Warteliste, weil auch hier alle Flüge nach Mallorca ausgebucht waren. Angespannt stand ich am Schalter, doch ich kam nicht weg. Als mein Zeitlimit abgelaufen war, stand ich vor der bangen Frage: „Was nun?"

Ich kaufte mir von meinem letzten Geld einen Becher Kaffee und schaute ratlos in der Flughalle herum. Da erblickte ich einen älteren Herrn, der sich gemessenen Schritts durch die hektische Menschenmenge bewegte. Er trug einen gepflegten weißen Bart und steckte in einer prachtvollen weißen Uniform mit goldenen Schulterklappen. So hatte ich mir den lieben Gott immer vorgestellt. Wie von einem Magneten angezogen, steuerte ich auf ihn zu und klagte ihm mein Leid. Er schaute mich belustigt an und sprach: „Don´t worry, you will be on the next flight." Ich wies ihn darauf hin, dass es doch zu spät sei, er ignorierte jedoch meinen Einwand. Dann verschwand er lächelnd in der Menschenmenge.

Zu meiner Überraschung wurde ich für die nächste Maschine aufgerufen. Obwohl die Sache nun eigentlich sinnlos war, bestieg ich den Flieger. Unterwegs machte ich mir Sorgen, wie es in Mallorca weitergehen sollte. Doch nach der Landung erwartete mich eine Stewardess und trieb mich zur Eile an. Es stellte sich heraus, dass meine Chartermaschine auf mich gewartet hatte. Seit über zwanzig Minuten stand sie in der prallen Sonne und die Passagiere schimpften über die Zumutung. Kaum hatte ich mein Gepäck verstaut, flogen wir los. Hatte Gott hier seine Hände doch im Spiel?

Angeblich offenbarte sich Gott zum ersten Mal, als Er Abraham, den Stammvater von Juden, Christen und Muslimen, aufforderte, von der Stadt Harran (Türkei) in das Land Kanaan zu ziehen. Die Bibel berichtet, dass Abraham, der bis dahin an die Götter der Sumerer geglaubt hatte, dem Befehl seines neuen Herrn folgte und tat, wie ihm geheißen.

Jakob, einer der Nachkommen von Abraham, zog mit seiner Sippe ins fruchtbare Ägypten, weil in Kanaan eine Hungersnot ausgebrochen war. Da die Israeliten vom Pharao geduldet wurden, ließen sie sich dort nieder. Doch als der Pharao starb, wurden sie von seinem Nachfolger versklavt. Vierhundertunddreißig Jahre dauerte die Gefangenschaft. Dann kam es unter der Führung von Moses zum Auszug aus Ägypten. Nachdem dieser mit seinem Volk vierzig Jahre lang durch die Wüste geirrt war, erstieg er den Berg Sinai, um sich über den Sittenverfall des Volkes Israel zu beklagen.

Also saß Moses auf dem Berg Sinai und dachte verbittert nach: „Mein Gott, was ist nur aus Deinem Volk geworden?" Da plötzlich antwortete der Ewige: „Vierzig Jahre Sonne waren zu viel. Wenn Du Mich fragst, haben die alle einen Sonnenstich!" Moses war zutiefst erschrocken, dann jedoch rief er empört aus: „Aber sie töten, brechen Ehen, stehlen, machen

Falschaussagen und gelüsten nach Hab und Gut und den Weibern ihrer Nächsten." Da schlug Gott vor: „Führe sie auf den Pfad der Tugend zurück." Da fragte Moses erschrocken: „Wer, ich?" Gott antwortete: „Ja, Du!" „Und wie soll ich das machen?" Da sprach Gott: „Gebe ihnen für jeden Finger ein Gebot!" Nachdem Gottes Stimme verstummt war, betrachtete Moses seine Hände. Dann begann er, seine Gebote auf zwei Tontafeln niederzuschreiben.

Als Moses wieder vom Berg Sinai herabstieg, sah er, dass die Israeliten den heidnischen Gebräuchen der Sumerer huldigten: Sie tanzten um ein goldenes Kalb herum. Dieses symbolisierte Nanna, den Orakel verkündenden Stadt- und Mondgott der Städte Ur und Harran. Moses wartete still, bis sich alle Augen auf ihn gerichtet hatten. Dann rief er mit gewaltiger Stimme: „Israeliten, haltet ein. Ihr seid Gottes auserwähltes Volk. Hiermit übergebe ich Euch die Zehn Gebote des Herrn." Als die Juden die beiden Tontafeln in den Händen hielten, begannen sie sich zu fürchten. Denn Gott hatte ihre Sünden gesehen und würde ihre Missetaten heimzahlen an ihren Kindern und Kindeskindern bis ins vierte Glied. Hier die ersten drei Gebote:

1. Gebot: *Ich bin Jahwe, Dein Gott, der dich aus Ägypten geführt hat, aus dem Sklavenhaus.*

2. Gebot: *Du sollst keine anderen Götter haben neben Mir. Du sollst Dir kein Bildnis noch irgendein Gleichnis machen, weder von dem, was oben im Himmel, noch von dem, was im Wasser unter der Erde ist. Bete sie nicht an und diene ihnen nicht, denn Ich* *der Herr, Dein Gott, bin ein eifernder Gott, der die Missetaten der Väter heimsucht, bis ins dritte und vierte Glied an den Kindern derer, die mich hassen, aber Barmherzigkeit erweise an denen, die Mich lieben und Meine Gebote halten.*

3. Gebot: *Du sollst den Namen des Herrn, Deines Gottes nicht missbrauchen, denn der Herr wird den nicht ungestraft lassen, der Seinen Namen missbraucht.*

Wenn man diese Gebote liest, dann wird einem klar, dass diese Drohungen nicht von einem allwissenden, allverzeihenden und allbarmherzigen Wesen stammen, sondern von Moses selbst. Das hat er sich schön ausgedacht, aber die Frage bleibt: Wer ist Gott?

Die unendliche Leere des Kosmos ist angefüllt mit Bewusstsein und Liebe. Es durchdringt alle Lebewesen und Dinge. Genau das ist die Beschreibung von Gott. Daher ist Gott nur ein anderes Wort für Bewusstsein. Als sich aus diesem Bewusstsein eines Tages der Geist formte und dieser irgendwann die Urahnen des Homo sapiens erschuf, da entwickelten diese, um zu überleben, einen Verstand. Dieser besaß die Fähigkeit des Denkens. Als der erste Urmensch begann, nach Macht zu dürsten, da dachte er darüber nach, wie er diese benutzen konnte. Das Ego war geboren. Bald taten ihm andere gleich und auf diese Weise verloren sie langsam ihre Verbindung zur göttlichen Quelle. Seither befindet sich die Menschheit auf der Suche nach Gott.

Irgendwo habe ich einmal diese schöne Parabel gelesen: Als Gott noch unter den Menschen weilte, belästigten sie Ihn zunehmend mit ihren Wünschen. Als sie immer aufdringlicher wurden, da berief Er die Mitglieder Seines Kabinetts ein, um zu erörtern, wo Er Sich verstecken könne. Sie schlugen Ihm Berge, den Mond und weit entfernte Galaxien vor. Doch Gott in Seiner unendlichen Weitsicht sah voraus, dass sie Ihn früher oder später überall finden würden. Da kam ein alter Diener auf Ihn zu und flüsterte Ihm etwas ins Ohr. Der liebe Gott sprang hoch: „Das ist es" rief Er, „dort wird mich niemand suchen". Und dann löste er sich auf und versteckte sich in den Herzen der Menschen.

Wenn Du also Gott finden willst, dann schaue in der Höhle Deines Herzens nach. Man nennt sie auch spirituelles Herz. Dieser Ort befindet sich in der Mitte Deiner Brust. Wenn Du diesen zeitlosen Raum in Dir erkennst, dann weißt Du um Deine Einheit mit Gott. Und dieses Wissen ist alles, was Du für ein harmonisches Leben brauchst.

Schlusswort

Nun habe ich in diesem Buch beschrieben, was wir tun können, um unsere negativen Emotionen nicht mehr zu verdrängen. Du musst wissen, dass jede Emotion nur darauf wartet, beachtet und gefühlt zu werden. Das ist wie eine innere Liebesbeziehung, also eine wahre Freundschaft mit sich selbst.

Und noch eines: Dem aufmerksamen Leser wird es nicht entgangen sein, dass ich mein viertes Problem nie gelöst habe. Das stimmt, denn ich habe immer noch nicht herausgefunden, was ich einmal werden möchte. Aber ich habe die Hoffnung noch nicht aufgegeben :-)

Fragen und Antworten

F: Ich habe nicht viel Selbstbewusstsein und verdränge meine Gefühle meistens. Soll ich sie nicht lieber rauslassen?

A: Die Psychologen sind sich einig: Es ist gesünder, die Gefühle rauszulassen. Aber manchmal ist das nicht möglich. Wenn Du z. B. verärgert auf Deinen Chef bist, dann bist Du gut beraten, Deine Emotionen für Dich zu behalten. Daher rate ich Dir, Deinen Ärger bewusst anzunehmen. Kümmere Dich also nicht um die Geschichte, die Deinen Ärger ausgelöst hat, sondern sei mit diesem Ärger. Er ist es, der Deinen Stress verursacht.

F: Es klingt so einfach, wenn Du sagst, dass ich meine Gefühle fühlen soll. Doch wenn meine Niedergeschlagenheit über mich kommt, dann bin ich vollkommen unfähig, sie zu fühlen. Was soll ich tun?

A: Wenn es Dir schwerfällt, Niedergeschlagenheit anzunehmen, dann zwinge Dich nicht dazu. Beginne mit kleinen Emotionen. Nutze die Gelegenheit, wenn Du Dich z. B. über einen Kommentar im Fernsehen ärgerst. Dann schaue, wie sich Dein Ärger anfühlt. Du kannst das Fühlen immerzu üben. Eines Tages wird es Dir leicht fallen, Deine Niedergeschlagenheit anzunehmen.

F: Wenn ich an meinen Freund denke, dann kommt mir das Kotzen. Er ist so gemein zu mir. Letztes Mal hat er mich angeschrien, bloß weil ich zu spät nach Hause gekommen bin. Als ich meine Wut fühlen wollte, da hörten meine Gedanken nicht auf, sich über meinen Freund zu ärgern. Wie kann ich mein Denken ausschalten?

A: Niemand kann sein Denken ausschalten. Alles, was Du tun kannst, ist es, Dich nicht auf Deine Gedanken einzulassen. Lasse sie einfach ziehen, wie die Wolken am Himmel. Wenn Du trotzdem nicht aufhören kannst, über Deinen Freund nachzudenken und Dich über ihn zu ärgern, dann kümmere Dich um diesen Ärger. Richte Deine Aufmerksamkeit ausschließlich auf diese Emotion. Wir haben die Tendenz, uns aus alter Gewohnheit immerzu auf unsere Gedanken zu konzentrieren. Wenn Du dagegen bewusst auf Deine Emotionen achtest, dann verlieren sie ihre Herrschaft über Dich.

F: Letztens hatte ich einen Termin bei meinem Rechtsanwalt. Nachdem ich über dreißig Minuten im Wartezimmer gewartet hatte, wurde ich wütend. Ich versuchte, meinen Zustand zu fühlen, doch meine Gedanken hielten mich davon ab. Meine Wut wurde immer größer und größer und bald begann ich, innerlich zu kochen. Doch ich traute mich nicht, aufzustehen, um mich am Empfang zu beschweren. Dazu fehlt mir das Selbstbewusstsein. Ich weiß, dass ich immer alles falsch mache. Was soll ich tun?

A: Du musst lernen, Deiner Energie zu folgen. Sie wollte, dass Du aufstehst und Dich am Empfang beschwerst. Blockiere also niemals Deine Energie. Vertraue ihr, denn sie hilft Dir, das Richtige zu tun.

F: Ich habe fürchterlich mit meinem Mann gestritten. Konnte überhaupt nicht bei mir bleiben … totale Konfrontation. Was mache ich falsch?

A: Du machst gar nichts falsch. Es ist die Macht der Gewohnheit. Das Fühlen ist deswegen eine Kunst, weil es eine Kunst ist, bei sich zu bleiben, wenn alles in einem losbrüllen will. Ebenso wenig, wie Rom an einem Tag erbaut wurde, kannst du die Kunst des Fühlens nicht in einem Tag erlernen. Übe in kleinen Schritten, dann wird sich der Erfolg mit der Zeit einstellen.

F: Nachdem ich mit meinem Freund bei der Paarberatung war, behandelte er mich aufmerksam und liebevoll. Doch ein paar Tage später kamen seine alten Verhaltensmuster wieder zum Vorschein. Bitte kommentiere das.

A: Von meinem Standpunkt aus kann eine Paarberatung nicht wirklich funktionieren. Das kommt, weil eine solche Beratung verlangt, dass sich die Denk- und Verhaltensmuster beider Partner verändern. Es geht aber nicht um Denken oder Verhalten, sondern um Bewusstwerdung. Wenn Dir das Verhalten Deines Partners nicht gefällt, dann versuche nicht, ihn zu verändern. Finde lieber heraus, wie sich die Situation für Dich anfühlt. Wenn Du das beharrlich übst, dann kannst Du sogar ruhig bleiben, wenn sich Dein Partner daneben benimmt. Grundsätzlich aber stellt sich die Frage, ob Du mit Deinem Partner überhaupt zusammen bleiben willst.

F: Ich beschuldige häufig alle möglichen Menschen ihrer Fehler. Doch ich glaube, dass mein eigentliches Problem darin besteht, dass ich mich selbst nicht mag. Wie kann ich das ändern?

A: Du brauchst nichts zu verändern. Warum akzeptierst Du Dich nicht einfach so, wie Du bist. Wenn Du Dich selbst nicht magst, dann entsteht dieses Gefühl durch Deine Gedanken über Dich selbst. Um über Dich selbst zu urteilen, musst Du Dich in zwei Teile spalten. Dann kann ein Teil über den anderen urteilen. Wie ich Dich aber sehe, bist Du nicht zwei Teile, sondern eins mit allem. Die Lösung liegt daher darin, Dich so zu akzeptieren, wie Du bist. Wenn das nicht funktioniert, dann fühle, wie es sich anfühlt, Dich selbst nicht zu mögen. Wenn Du im Reinen mit Dir selbst bist, dann brauchst Du niemanden mehr wegen seiner Fehler anzuklagen.

F: Ich habe eine Klaustrophobie. Damit meine ich eine panische Angst, die mich in einem vollen Bus oder Fahrstuhl überkommt. Ich glaube dann, ersticken zu müssen. Ich habe es schon mit Antidepressiva versucht, doch ist meine Angst nie verschwunden. Was kann ich Deiner Meinung nach dagegen tun?

A: Ich habe selbst eine leichte Klaustrophobie. Merkwürdigerweise war sie mir bis Ende der 90er Jahre vollkommen unbekannt. Sie ist erstmals aufgetreten, als ich einmal mit meinem Vater in einem Lift fuhr, der plötzlich stecken blieb. Mein Vater wurde kreidebleich, bekam Panik und einen Schweißausbruch. Irgendwie muss das auch in mir eine Angst vor Enge ausgelöst haben. Denn seit

176

damals habe ich beklemmende Gefühle, enge Aufzüge zu benutzen. Lieber gehe ich zu Fuß die Treppen hoch. Während meiner Krebserkrankung war ich allerdings gezwungen, mich mehrere Male in einen Magnetresonanztomografen (MRT) zu begeben. Ich muss sagen, dass es schon verdammt eng war in der Röhre. Einmal kam eine Panikattacke auf. Ich drückte umgehend auf den sog. „Notfallball" und wurde schnell wieder herausgefahren. Die Frage, ob ich etwas zur Beruhigung haben wolle, beantwortete ich mit einem klaren Nein. Ich sammelte mich und war dann bereit, mich der Angst zu stellen. Ich ließ mich wieder in die Röhre hineinfahren, und als die Panik wieder auftauchte, nahm ich sie bewusst an und verschmolz mit ihr. Dann verschwand sie und ich machte es mir bequem im MRT.

Nach Abschluss der Chemo-Behandlung musste ich ein weiteres Mal eine MRT-Untersuchung machen lassen. Nun lag ich völlig entspannt in der Röhre und beobachtete interessiert das Geschehen. Knapp über mir die gewölbte Decke des Gerätes, in meinem Kopf misstrauische Gedanken, aber in mir reines Wohlgefühl. Ich entschied mich, meinen Fokus auf mein Wohlgefühl zu richten. Als es so richtig gemütlich wurde, war die 45-minütige Untersuchung auch schon wieder vorbei. Es könnte Dir also helfen, Dich möglichst oft in Situationen zu begeben, vor denen Du Angst hast. Dann kannst Du das Fühlen üben. Wenn Du dann in eine Situation kommst, in der Deine Angst vor der Enge übermächtig wird, dann bist Du vielleicht bereit, Deine Aufmerksamkeit auf dieses Gefühl zu richten und es bis zur Neige fühlen. Dann wirst Du Dich auch in einem vollen Bus entspannen können.